持続都市建築システム学シリーズ

循環型の建築構造
―凌震構造のすすめ―

山口謙太郎
川瀬　博
Bradley Guy
著

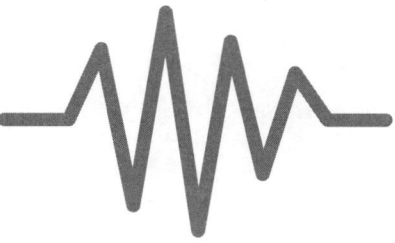

技報堂出版

まえがき

　近年，住空間を中心とする建築のシステムをサステナブルなものへと変えていくための研究が盛んに行われていますが，建築物の環境性能評価システムなどに関する建築計画や建築環境の分野の研究がその多くを占めています。しかし，建築のハードを構成する建築構造や建築材料がサステナブルなものへ変わっていくことが，建築物の環境負荷を大きく低減させるための助けとなることは間違いなく，サステナブルな建築構造・材料に関する研究も近年徐々に盛んになりつつあります。

　サステナブルな建築構造システムの実現には，大きく分けて二通りのアプローチが提案されています。一つは，非常に耐久性の高い建築構造システムを開発し，できるだけ長期間使用するという方法。もう一つは，建材をリユースやリサイクルすることによって，繰り返し使用するという方法です。前者は建築材料のリデュースにつながり，非常に重要なものですが，建築物の寿命が社会的な要因から決まる場合などには後者の方法が有効です。

　本書は，後者の方法でサステナブルな建築の実現を目指す「循環型の建築構造」について，研究の現状を紹介し，その効果や今後の課題などを述べたものです。「循環」の形態としては，とくに「リユース」を意識したもので，建築材料のリユースを可能にするための構造システムはどのようなものであればよいか，また，その構造システムを採用することは，構造的にはハンディにしかならないのか，有利にはたらく点はないか，ということを中心に考察しています。

　九州大学の21世紀COEプログラム「循環型住空間システムの構築」で提唱された「凌震構造（りょうしんこうぞう）」は，建築材料のリユースを可能にする構造システムであるとともに，構成要素が互いに接着されていないことを地震動などの振動エネルギー吸収に利用しようとするもので，本書では「付加価値の高い循環型の建築構造」としてこれを提案しています。その観点からは本書で示した具体的な適用事例はあくまで一つの事例にすぎず，今後もこの凌震構造の理念に基づいた新たな構造形式が次々と生み出されていくことが期待されています。

まえがき

　本書は読者として，建築を志す大学生や大学院生を主に想定していますが，建築やそれを取り巻く分野に携わる方々や，これからの建築に興味のある方々にも読んでいただけるように，できるだけ専門用語を使わず，平易な文章を心がけて話を進めていきますので，気軽に読んでみて下さい。本書がこれからの建築構造を考えていく上で，参考の一つとなれば幸いです。

　本書の執筆にあたっては，多くの示唆を与えて下さった松藤泰典先生（九州大学21世紀COEプログラム「循環型住空間システムの構築」前拠点リーダー），編集を担当された技報堂出版の石井洋平氏ほか，多くの方々のご協力をいただきました。また，本書の第3章については原著の制作を助成されたアメリカ合衆国ワシントン州キング郡に翻訳・転載することを快諾いただきました。ここに改めて感謝の意を表します。

2008年2月

著者しるす

目次

第1章 今なぜ循環型か ― 1

1.1 地球環境に優しい建築構造を考える ― 1
1.2 地球環境負荷の増大と対策 ― 4
- 1.2.1 成長の限界と人口爆発　4
- 1.2.2 エコロジカル・フットプリント　4
- 1.2.3 地球温暖化　5
- 1.2.4 カタストロフィーとソフトランディング　7

1.3 我が国の対応 ― 7
- 1.3.1 循環型社会形成推進基本法と建設リサイクル法　7

1.4 建設分野以外の対応 ― 8
- 1.4.1 資源有効利用促進法　8
- 1.4.2 家電の分解デザイン　10

1.5 海外における建設分野の対応 ― 11
- 1.5.1 建築物の総合的な環境性能評価手法　11
- 1.5.2 Design for Disassembly　11
- 1.5.3 Habitat for Humanityの活動　12

第2章 環境負荷低減に有効な循環の形態 ― 17

2.1 持続可能な生活形態 ― 17
- 2.1.1 環境倫理　17

2.2 リデュース・リユース・リサイクル ……………………………… 18
2.2.1 リデュース・リユース・リサイクルとリターン　*18*

2.3 我が国における建築物の環境対策 ……………………………… 22
2.3.1 国土交通省や日本建築学会の取り組み　*22*
2.3.2 「循環型住空間システムの構築」とスループット方程式　*23*

2.4 地球環境に優しい建築構造であるために ……………………… 25
2.4.1 持続型の建築構造と循環型の建築構造　*25*

第3章　建設環境における解体を考慮した設計 ── *27*

3.1 DfD 序説 ……………………………………………………………… *27*
3.1.1 はじめに　*27*
3.1.2 現在の設計における問題点　*29*
3.1.3 DfDとは何か？　*30*

3.2 原　則 ……………………………………………………………… *33*
3.2.1 はじめに　*33*
3.2.2 DfDのための10原則　*33*
3.2.3 具体的な戦略　*34*

3.3 設計における戦略 ………………………………………………… *36*
3.3.1 リユースとリサイクルの戦略　*36*
3.3.2 建築物資源管理目標の階層　*36*
3.3.3 DfDの価値　*37*

3.4 設計プロセス ……………………………………………………… *38*
3.4.1 建築物の設計　*38*
3.4.2 異なる耐用年数を有する建築物　*38*
3.4.3 異なる耐用年数とコストを有する建築物の要素　*39*
3.4.4 材料の寿命　*41*

3.4.5 材料　*42*
3.4.6 接合　*42*
3.4.7 形状と構造　*43*

第4章 循環型構造のための応力伝達システム ── *47*

4.1 循環型とするには──凌震構造の原理── *47*
4.1.1 現在の建築構造工学の体系と新たな自由度の付与　*47*

4.2 循環型の建築構造とDfD *49*
4.2.1 応力伝達システムと循環性　*49*
4.2.2 建築構造システムと循環性　*49*

4.3 要素非接着型構造と建築構造力学 *50*
4.3.1 建築構造力学と要素非接着型構造の設計　*50*

第5章 循環型の建築構造システム ── *53*

5.1 地球環境負荷の低減に向けた建築構造分野での取り組み *53*
5.1.1 はじめに　*53*
5.1.2 完全リサイクルコンクリート　*53*
5.1.3 石炭灰の大量有効利用　*54*
5.1.4 建築構造分野でのリサイクル・リデュース　*55*
5.1.5 パーフェクト・リサイクル・ハウスの取り組み　*56*
5.1.6 溶接を用いない鋼構造の構法　*57*
5.1.7 鉄骨系住宅のユニット工法　*58*
5.1.8 博覧会におけるパビリオンのリユース　*58*
5.1.9 プレハブ建築とリユース　*59*
5.1.10 鋼構造のリユースマネジメントモデル　*60*
5.1.11 ストローベイルハウス（リターンの取り組み）　*60*

5.2 SRB-DUP 構造（摩擦抵抗型乾式組積構造） 61

- 5.2.1 日本にも長寿命の住宅を　*61*
- 5.2.2 提案する組積造のベースモデル　*62*
- 5.2.3 耐震性と日本の気候風土への適応性　*63*
- 5.2.4 撓曲石英片岩 Itacolumite とその結晶構造のアナロジー　*65*
- 5.2.5 SRB-DUP 構造体の概要　*67*
- 5.2.6 SRB-DUP 構造に用いる固体要素（DUP 煉瓦）　*69*
- 5.2.7 SRB-DUP 構造に用いる水平補強要素（鋼製プレート）　*70*
- 5.2.8 SRB-DUP 構造に用いる鉛直補強要素　*72*
- 5.2.9 固体要素と水平補強要素の接触面における摩擦係数　*73*
- 5.2.10 SRB-DUP 乾式材料組織体の力学性状　*74*
- 5.2.11 SRB-DUP 構造壁部材の面内水平力に対する性能　*76*
- 5.2.12 SRB-DUP 構造梁部材の曲げに対する性能　*80*
- 5.2.13 SRB-DUP 構造壁部材・柱部材の軸圧縮力に対する性能　*81*
- 5.2.14 SRB-DUP 構造壁部材・柱部材の曲げに対する性能　*83*
- 5.2.15 凌震構造の提案　*85*
- 5.2.16 SRB-DUP 構造の実験棟（熊本県玉名郡和水町）　*86*
- 5.2.17 SRB-DUP 構造の実験棟（福岡市東区アイランドシティ）　*90*

5.3 SRB-DUP 構造の振動特性とシミュレーション *91*

- 5.3.1 SRB-DUP 構造のモデル化　*91*
- 5.3.2 SRB-DUP 構造の構成要素のパラメータ　*93*
- 5.3.3 SRB-DUP 構造壁体の振動実験（シリーズ１）　*102*
- 5.3.4 SRB-DUP 構造壁体の振動実験（シリーズ２）　*115*
- 5.3.5 振動実験のミクロモデルによるシミュレーション　*117*
- 5.3.6 振動特性とシミュレーションのまとめ　*121*

5.4 木造リユース構造 *121*

- 5.4.1 木構造への応用の基本的考え方　*121*
- 5.4.2 試験体と実験の概要　*122*
- 5.4.3 剛性評価　*124*
- 5.4.4 ブロック間の減衰付加装置についての実験　*126*
- 5.4.5 木造リユース構造のまとめ　*131*

5.5 高摩擦すべり接合による鋼構造 ……………………………… *131*

5.6 方杖ダンパーを用いた高力ボルト接合システム ……………… *133*

5.7 凌震構造とその可能性──循環性と構造的優位性の両立── …… *134*

第6章 循環型建築構造の効果と課題 ─── *143*

6.1 循環型建築構造の効果 ……………………………………… *143*
- 6.1.1 建築材料のリユース率の向上　*143*
- 6.1.2 ライフサイクルアセスメントによる評価　*145*

6.2 循環型建築構造の課題 ……………………………………… *147*
- 6.2.1 リユースと材料の耐久性　*147*
- 6.2.2 循環型と日本人　*147*
- 6.2.3 在庫管理，保管，輸送の態勢　*150*
- 6.2.4 リユースと行政　*150*

6.3 持続可能な成長・発展・消費に向けて
　　 ──循環型の建築構造を推進する意義── ……………………… *152*

第1章 今なぜ循環型か

1.1 地球環境に優しい建築構造を考える

　2007年11月現在，福岡のガソリンスタンドでは，1リッターあたり140円代でレギュラーガソリンが販売されています。「最近ガソリンが高い」という実感は，日本に住むほとんどの方がお持ちなのではないかと思います。実際，レギュラーガソリンの価格は4～5年前に比べて4割近く上昇しているようです[1]。この価格上昇の主な原因が何なのか，これからもガソリンの価格は上昇し続けるのか，私は詳しくありませんが，来年，再来年になっても，この価格上昇に歯止めがかからないようであれば，「この先，ガソリンの値段が2倍，3倍になっていったら，生活はどうなるのだろう」という不安も徐々に現実のものとなっていくかもしれません。

　いま，この本をガソリンの話から書き始めたのは，読者の皆さんが最も実感や不安としてとらえやすいところから話がしたい，という思いがあったからです。日本では，政府主導の「チーム・マイナス6％」というような環境保全に向けた取り組み[2]も進められていますが，正直言って今ひとつ実感が湧かない，という方もいらっしゃるのではないでしょうか。このガソリンの話とこの本の主題には少し距離があるのですが，もう少しこのガソリンを例に考えてみたいと思います。

　ガソリンの価格が2倍，3倍になったとき，例えば自家用車については，手放して公共の交通機関を利用するように生活スタイルを変える，という方もいらっしゃるでしょう。もちろん公共交通機関の運賃も上がるでしょうから，その対策だけでは十分ではないでしょうが，有効な対策の一つには違いありません。また，自動車は手放してもたまには家族でドライブしたいから，そのときはレンタカーを借りよう，という方もいらっしゃるでしょう。あるいは，自動車やバイクは趣味だからガソリンの価格が2倍，3倍になっても乗り続ける，という方もい

らっしゃるでしょうし，公共交通機関が不便で自動車がなければ生活できないという方は，燃費のよい軽自動車やハイブリッド車に乗り換えられるでしょう。いずれにしても，ガソリンの価格高騰などのようなある種の制約に応じて，まったくお金の心配をする必要のない方々を除き，何らかの対応策を講じるという方々がほとんどなのではないでしょうか。この対応策は，今までの生活に比べれば不便で，「どうしてこんな我慢をしなければならないのか」と思う人も少なくないと思います。「チーム・マイナス６％」の取り組みを無視するのは，良心はとがめるでしょうが，正直なところ現時点では我が身に降りかかる痛みがほとんどないのに比べて，ガソリンは買いたくても値段が上がっているので，自分のふところとの相談になります。

いま取り上げられているさまざまな地球環境の問題も，今のところは「チーム・マイナス６％」の取り組みのように対応が人々の自主性に任されているものが多いのですが，将来はこのガソリンの価格高騰のように，否応なく対応を迫られるものが増えてくるように思われます。実際，その前兆は今も少し見られ始めています。例えば，ガソリンすなわち石油の価格高騰は，交通手段や乗り物に関する趣味の問題だけではなく，さまざまな品物の製造や輸送にかかわっていますので，それらの価格が少しずつ上昇し始めています。それはこの本の主題である建築を構成する材料にももちろん及んでいます。

建物の材料の価格や，建物を建てるのに必要なコストが上昇しても，高すぎる建物になってしまっては売れませんので，建設会社はコストを抑えるためにさまざまな努力をします。近年は建築材料の開発も進み，必要な強度や耐久性を確保した上で，価格的にも手頃なものが増えています。例えば床材や外壁用のボードなどで，それらは近年急速に普及し続けています。しかし，一方で従来の日本建築に慣れ親しんできた人の中には，最近はなんとも味気ない建物が増えているなと感じている人も少なくないでしょう。梅干しを食べたことがない赤ん坊は，梅干しを見ても唾が出ないといわれますが，日本の伝統ともいえる，手間暇かけた建物の仕様を知らない人は，「これが標準的な仕様です」といわれれば，とくに不満を感じることもなく受け入れているのではないでしょうか。あるいは，多少不満でも価格の面から仕方なく受け入れている人も少なくないでしょう。こうして，日本の建物が徐々に味気ないものに置き換えられていくことは，やむを得ないこととはいえ寂しいことです。そして，このように価格の安い建物が増えるこ

図-1.1.1　鉄骨鉄筋コンクリート構造建築物の解体

とは，建物のかたちで日本国内にストックされている「財産」の価値が減少していることに他なりません。さらに，こうして建物の価格上昇を抑える方法は，大量生産・大量廃棄のサイクルを脱却することには繋がりません。

　まえがきにも述べたように，地球環境に優しい建築構造の実現には，大きく分けて二通りのアプローチが提案されています。1つは，非常に耐久性の高い建築構造システムを開発し，できるだけ長期間使用するという方法。もう1つは，建材をリユースやリサイクルすることによって，繰り返し使用するという方法です。本書では，後者の方法にふさわしい循環型の建築構造について考えていきます。本書で提案する我々の取り組みが最終的に目指すところは，今後，さまざまな環境要因によって建物を建てるのに必要なコストが上昇しても，建物の価格が上昇しない方法の一つとして，安く品質もそれなりの材料を使うのとは別の方法，すなわち建築の構造体が繰り返し使える方法を選択できるようにすることです。そのためには解決すべき課題がたくさんありますが，それらを含めて，この本で一緒に考えていきましょう。

1.2 地球環境負荷の増大と対策

1.2.1 成長の限界と人口爆発

　1700年代の後半にイギリスで起きた「第一次産業革命」[3]によって，工業生産の体制がマニュファクチュア（工場制手工業）から石炭や蒸気機関を用いた工場制機械工業に変わったといわれています。この時期，蒸気機関などが発明され，機織り機などが自動で動かせるようになって工業が盛んになったわけです。これにより，工業生産において大量生産が可能になり，本格的な資本主義経済が成立することになりました。その後，1800年代後半から1900年代前半にかけて，電力や石油などを用いて金属工業や化学工業などを発展させた「第二次産業革命」[3]が起こり，産業経済社会は飛躍的に発展しました。

　日本でも1901年に官営の八幡製鐵所が操業し，これらを契機として軽工業から重工業中心の社会へと変わっていきました。さらに時を同じくして戦争などで軍需産業が発展し，その後日本は敗戦で一時的に落ち込んだ時期もありますが，終戦後は高度経済成長や所得倍増など，さまざまなキーワードのもとに勢いを取り戻し，社会基盤や生活の豊かさも大いに向上して今日に至っています。

　一方で，発展を続ける産業経済社会における人類の営みを，そのステージである地球が受容しきれなくなりつつあります。上記のような産業経済社会の飛躍的な発展の中で1972年にローマクラブが発した「成長の限界（Limits to Growth）」は，人類は経済成長をし続けることは不可能と警告するもので，人類の消費している資源の量は指数関数的に増加しているのでいずれ資源量に限界が来る[4]と指摘しています。

　加えて，1800年代後半から現在に至るまで，「人口爆発」と呼ばれる世界人口の急激な増加が発生しており，このことが資源の消費や環境破壊に拍車をかけています。

1.2.2 エコロジカル・フットプリント

　1990年代の後半からよく取り上げられるようになった地球環境の負荷を示す指標の一つに「エコロジカル・フットプリント」と呼ばれるものがあります。これは，再生可能な自然資源の消費量と自然の生物学的な生産能力とを比較したもの

で，ある1ヵ国のエコロジカル・フットプリントは，その国が消費する食糧や木材などを生産するのに必要とされる土地の面積と，エネルギー消費やインフラを維持するために必要な土地の合計[5]として算出されます。フットプリントは「足跡」という意味ですから，エコロジカル・フットプリントは，人類が持続可能な生活を送っていくために必要な足元の土地が確保されているか，ということをチェックするものといえます。世界自然保護基金（WWF）では世界各国のエコロジカル・フットプリントが計算され，その結果が「リビング・プラネット・レポート」[6]にまとめられています。それによると，1980年代に世界各国のエコロジカル・フットプリントの合計は地球上の「生物学的な生産力のある地域の総面積」を超え，2001年には約1.2倍になっている[7]そうです。このような指標からも，世界各国がこのまま産業経済活動を発展させていくことへの警鐘が鳴らされているといえます。

1.2.3 地球温暖化

また，近年では人類の産業経済活動によって二酸化炭素，メタン，一酸化二窒素などの温室効果ガスが過剰に放出・蓄積されることにより，大気中の温室効果ガスの濃度バランスが崩れ，地球上の気温が上昇している[8]という指摘があります。これがよく知られている「地球温暖化」と呼ばれる現象です。この地球温暖化問題を検討するIPCC（Intergovernmental Panel on Climate Change：気候変動に関する政府間パネル）はこれまで，1990年，1995年，2001年，2007年の4回にわたり，評価報告書を発表しています。このうち2007年2月に公表された「第4次評価報告書 第1作業部会報告書（自然科学的根拠）」では，1980年から1999年の間に比べ，2090年から2099年の間の地球の平均気温は1.1～6.4℃上昇し，この平均気温の上昇によって海水面が同じ期間に18～59cm上昇すると予測しています[9]。つまり，最悪のシナリオの場合，21世紀末までに平均気温が6.4℃，海水面が59cm上昇して，気象の変化や水面下に沈む地域が生じるということなのです。

これらの状況を受け，1997年12月のCOP3（The 3rd Session of the Conference of the Parties to the United Nations Framework Convention on Climate Change：気候変動枠組条約第3回締約国会議）では，先進国での2008年から2012年までの5年間における年平均温室効果ガス排出量を1990年の排出量より5.2％削減す

るという，法的拘束力のある数値目標が盛り込まれた「京都議定書」[10]が採択されました。日本は個別目標として6％の温室効果ガス排出削減を掲げています。2004年11月18日，ロシア連邦が「京都議定書」の締結国として加わり，議定書発効の条件が満たされたため，2005年2月16日に「京都議定書」が発効しました[11]。このことで，日本は2010年前後までに温室効果ガスの排出を6％削減しなければならない，という状況が生まれたわけです。

「京都議定書」では，温室効果ガス削減をより柔軟に行うために，「京都メカニズム」と呼ばれる以下の3種類の削減方法が認められています[12]。

① クリーン開発メカニズム（CDM）
　　先進国が途上国で温室効果ガス削減事業に投資し，削減分を目標達成に利用できる制度
② 共同実施（JI）
　　先進国が他の先進国の温室効果ガス削減事業に投資し，削減分を目標達成に利用できる制度
③ 排出量取引
　　先進国どうしが削減目標達成のため排出量を売買する制度

2005年度における日本の温室効果ガスの総排出量は13億6000万トンで，これは京都議定書の規定による基準年の総排出量（12億6100万トン）を7.8％上回りました[13]。6％削減という目標に比べると，13.8ポイントもオーバーしていることになります。日本などではすでにエネルギー使用効率がかなり高く，効率改善の余地の多い国で取り組みを行ったほうが経済的なコストも低くなるので，上記の「京都メカニズム」も有効に利用していくことになるでしょう。ただ，排出枠の購入などには税金が投入されるわけですから，家庭や業務の分野を含めた国内での排出削減の努力をやはり第一に考えるべきといえそうです。1.1節で紹介したように，日本国内では「チーム・マイナス6％」と呼ばれる政府主導の啓発活動が行われています。国民の反応は今ひとつで，自分のこととしてとらえられていないような感じを受けますが，排出枠の購入などを行ったときに，税金の投入というかたちでどれくらいの負担が国民一人ひとりに強いられるのか，試算などで示されれば，もう少し日本国民も本気で取り組むのかもしれませんね。

1.2.4 カタストロフィーとソフトランディング

　人口爆発，資源の枯渇，地球温暖化などの状況がこのまま続いたら，人類や世界はカタストロフィー（大変動，大災害，破局）に突入するだろうという指摘は少なくありません。これまでに経済的な成長を経験し，今日は安定成長期に入っている先進諸国にはとくに，このカタストロフィーを防ぎ，安定的な社会へのソフトランディング（軟着陸）を目指す世界的な活動をリードしていく責務があります。先進諸国は，自国の環境負荷を低減することはもちろん，中国やインドなど，大量の人口を抱える国々が，今後の経済成長に伴って**図-1.2.1**のように山を高く登りすぎないよう，安定成長に直行するためのバイパスやトンネルを用意し，提案していくことが求められています。このように非常にスケールの大きな課題から，日常生活における個々の課題に至るまで，地球環境負荷の低減は建築の分野に限らず，人類が取り組むべき全世界的な課題の一つだといえます。

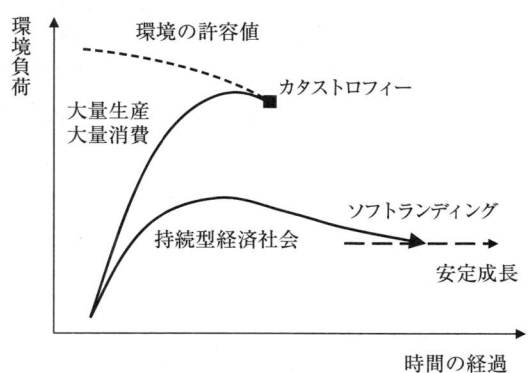

図-1.2.1　カタストロフィーとソフトランディング

1.3 我が国の対応

1.3.1 循環型社会形成推進基本法と建設リサイクル法

　こうしたさまざまな状況を受けて，わが国ではまず自国の環境負荷低減のため

に，循環型社会形成推進基本法という法律が2000年6月に公布されています。この法律は「大量生産・大量消費・大量廃棄」型の経済社会から脱却し，生産から流通，消費，廃棄に至るまで物質の効率的な利用やリサイクルを進めることにより，資源の消費を抑制し，環境への負荷が少ない「循環型社会」を形成することを目的として制定されたものです[14]。この基本法の制定に合わせて，「廃棄物の処理及び清掃に関する法律(廃棄物処理法)」の改正と，「資源の有効な利用の促進に関する法律(資源有効利用促進法)」の整備，「建設工事に係る資材の再資源化等に関する法律(建設リサイクル法)」，「食品循環資源の再生利用等の促進に関する法律(食品リサイクル法)」，「国等による環境物品等の調達の推進等に関する法律(グリーン購入法)」の新規制定が行われ，それ以前から制定されていた「容器包装に係る分別収集及び再商品化の促進等に関する法律(容器包装リサイクル法)」，「特定家庭用機器再商品化法(家電リサイクル法)」に加えて一体的に整備されました。さらに2002年7月には「使用済自動車の再資源化等に関する法律(自動車リサイクル法)」が制定されています。

　これら一連の法律のうち，土木・建築分野にかかわるのは建設リサイクル法と呼ばれるものです。この法律は，特定建設資材を用いた建築物等に係る解体工事またはその施工に特定建設資材を使用する新築工事等で一定規模以上の建設工事(対象建設工事)について，その受注者等に対し，分別解体等および再資源化等を行うことを義務付けるものです[15]。特定建設資材にはコンクリート(プレキャスト板等を含む)，アスファルト・コンクリート，木材が該当します。この建設リサイクル法において定められていることは，土木・建築分野において行わなければならないことのごく一部なのですが，地球環境負荷の低減に向けた取り組みが，我が国の土木・建築分野においても法制化され始めたことは評価できると思います。

1.4 建設分野以外の対応

1.4.1 資源有効利用促進法

　前節で循環型社会形成推進基本法とその関連法規について紹介したように，土木・建築分野以外でも地球環境負荷の低減に向けたさまざまな取り組みが行われ

ています。これらのうち，本書のテーマである「リユース・リサイクルを容易にするための製品への配慮」に関連する事例をここで紹介します。

前節で紹介した法律のうち，「資源有効利用促進法」では，以下の7項目に該当する10業種・69品目について，事業者に対し3R(リデュース・リユース・リサイクル)の取り組みが求められています[16]。

1) 特定省資源業種
  副産物の発生抑制などに取り組むことが求められる業種
2) 特定再利用業種
  再生資源・再生部品の利用に取り組むことが求められる業種
3) 指定省資源化製品
  原材料などの使用の合理化，長期間の使用の促進，その他の使用済み物品などの発生の抑制に取り組むことが求められる製品
4) 指定再利用促進製品
  再生資源または再生部品の利用促進に取り組むことが求められる製品
5) 指定表示製品
  分別回収の促進のための表示を行うことが求められる製品
6) 指定再資源化製品
  自主回収および再資源化に取り組むことが求められる製品
7) 指定副産物
  再資源としての利用の促進に取り組むことが求められる副産物

これらのうち，3)指定省資源化製品には，自動車，家電製品(テレビ，エアコン，冷蔵庫，洗濯機，電子レンジ，衣類乾燥機)，パソコン，パチンコ遊技機，金属製家具(棚，事務用机など)，ガス・石油機器(石油ストーブなど)が該当し，これらの製造事業者にはリデュースに関する取り組みが求められています。また，4)指定再利用促進製品には，上記の3)に該当する製品に加えて，複写機，浴室ユニット，システムキッチン，小形二次電池使用機器(電動工具，コードレスホンなど)が該当し，これらの製造事業者にはリユースやリサイクルに関する取り組みが求められています。つまり，4)指定再利用促進製品に該当する製品にはリユースまたはリサイクルが容易な製品の設計・製造が求められているわけです。

1.4.2 家電の分解デザイン

　前節で紹介したいくつかの法律が制定される少し前の1999年，「リサイクルを助ける製品設計入門 －分解まで考えたモノづくり－」という本が講談社のブルーバックスの1冊として発行されています[17]。この本は，ソニーの方が書かれた，主に家電製品の分解を考慮した設計（分解デザイン）に関する入門書です。家電製品を主に対象にした本なので，具体的にはテレビ，冷蔵庫，洗濯機，エアコンのリサイクル状況や注意点などが取り上げられていますし，工場内などでいかに能率よく分解できるかということにも重点が置かれています。しかし，「分解デザイン－10の法則－」という章に取り上げられている「法則」には，「建築の分解デザイン」を考える上でも参考になる項目が含まれています。例えば，

　「分離可能な結合方法を選択する」

　「結合方法を統一する」

などです。これら以外にも「建築の分解デザイン」のことを考えながらこの本を読むと，ヒントになりそうな部分が何箇所かあります。この本は2007年11月現在，出版社では品切れのようですが，図書館その他で見かける機会があれば，平易で簡潔に書かれていて読みやすいので，手に取ってみてはいかがでしょうか。

　「資源有効利用促進法」で定められている「4) 指定再利用促進製品」において，「リユースまたはリサイクルが容易な製品の設計・製造」が求められているように，建築ではまだまだこれからの感がある「分解デザイン」について，家電製品や自動車などの分野ではどんどん進み，当たり前のように行われている部分もあるようです。我々は，「建築の分解デザイン」，とくに「建築構造の分解デザイン」ができるように，と考えており，その現段階での提案が本書です。建築構造の分野で「分解デザイン」を行うのが難しいのは，やはり建築の構造部材は建物にかかる力を負担しているということが第一の理由として挙げられるでしょう。また，家電製品に比べて，各部品が大きく重く，作業性が大きく異なることや，建築は基本的に一品生産であることから，部品の互換性の問題もあります。しかし，だからこそ取り組む価値のあるテーマであるともいえます。

1.5 海外における建設分野の対応

1.5.1 建築物の総合的な環境性能評価手法

　この節では，海外で行われている「循環型」の建築を実現するための取り組みについて紹介していきます。リユースやリサイクルに主眼をおいた「循環型」と，リデュースに主眼をおいた「持続型」の双方を包含する建築物の持続可能性を評価する手法（建築物の総合的な環境性能評価手法）として，イギリスにおけるBREEAM(Building Research Establishment Environmental Assessment Method, 1990-2002)，アメリカにおけるLEED^{TM}(Leadership in Energy and Environment Design, 1996-2005)，カナダにおけるGBTool(Green Building Tool, 1998-2002)，台湾におけるESGB(Evaluation System for Green Buildings, 1999-2003)などが提案されています[18]。ISOにおいてもサステナブルビルディングの評価とラベリングにかかわる国際規格化作業(Working to formulate methods of assessing and labeling sustainable buildings to international standards)が行われており，規格が発行される状況となっています[18]が，これらに関する説明は他の書籍に譲り，本書では実際の設計や施工により近い取り組みについて見ていきます。

1.5.2　Design for Disassembly

　1.4.2項で紹介した「分解デザイン」は，建築の分野でも取り組まれています。「Design for Disassembly(解体を考慮した設計)」と呼ばれており，アメリカではBradley Guyらが取り組んでいます。彼はペンシルバニア州立大学Hamer Center for Community Design(ハマーコミュニティ設計センター)のDirector of Operations(オペレーション部長)であるとともに，アメリカのBuilding Materials Reuse Association(建築材料リユース協会)のPresident(会長)を務めています。本書では彼を共著者に迎え，彼が書いたDesign for Disassemblyに関するガイドブック[19]の内容の一部を日本語に訳し，第3章に掲載しています。

　Building Materials Reuse Association(BMRA)は，建築物の解体と，回収した建築材料のリユース・リサイクルを促進することを目的として活動している非営利の教育組織で，米国やカナダの企業や団体で構成されています[20]。その会議で報告される内容は具体的かつ実践的なものが多く[21]，アメリカでは将来に

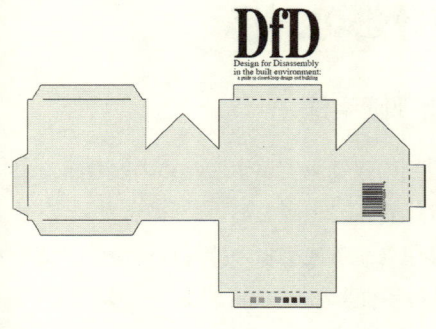

図-1.5.1　Design for Disassembly ガイドブック[19]
（画像：Bradley Guy 氏提供）

図-1.5.2　米国 BMRA の活動[20]
（写真：Dick Powell 氏提供）

向けた循環型の建築システムを考えるだけでなく，現在「建築物」というかたちでストックされている社会資産をいかにリユース・リサイクルしていくか，価値のない廃棄物へ変わる量をいかに減らし，新規の資源消費量を減らしていくか，というところに焦点が当てられているようです。

1.5.3 Habitat for Humanity の活動

　Habitat for Humanity という団体でも建築材料のリユース・リサイクルを促進する取り組みが行われています。Habitat for Humanity はアメリカに本部をもつ非営利の組織で，世界から貧困住居とホームレス問題をなくすために活動を続けている国際 NGO です[22]。日本にもオフィスがあります。国際連合の人間居住計画（UN-HABITAT）と組織名も目的も似ていますが別の組織です。Habitat for Humanity の主な活動は，適切な住居を必要としている世界各地の低収入家族に資金を融資し，ボランティアを派遣して，数家族共同で住居を建設していくというものです。単に家を建ててあげるのではなく，建設作業はその数家族とボランティアで行い，融資した資金の返済金は次の住居建設のための回転資金に充てられる，という運営が行われています。

　ここで取り上げたい Habitat for Humanity の活動は，Habitat for Humanity のアメリカのいくつかの支部（アフィリエイト）で行われている Restore に関する活動です。

　米国ノースカロライナ州の州都ローリーに拠点を置く Habitat for Humanity

of Wake County の Restore 部門では，建築物の解体で回収された建築材料が一般の人々に販売されています[23]。売り上げは低所得者のための住宅を建設するHabitat for Humanity の活動をサポートします。建築物解体の事業は，販売するための建材を供給するとともに，建物の全体や部分的な解体のサービスを提供することで収益を上げています。

Habitat for Humanity of Wake County の Deconstruction Materials Manager（解体材料課長）である Andrew Austin は，建築物の解体で回収した材料を低所得者のための住宅建設に利用することを Donation といっていました。Donation は寄贈や寄付という意味で，当然といえば当然ですが，献血は Blood Donation といい，臓器の提供者を日本でもドナー（Donor）と呼ぶことから考えると的確な表現だと思います。

図-1.5.3　米国 Habitat for Humanity of Wake County の活動[23]（写真：Habitat for Humanity of Wake County 提供）

米国ノースカロライナ州のローリーではリユース建材の小売市場が大変活発で，2006年，このRestore部門はHabitat for Humanity of Wake Countyの賃金などを含む全経費をまかなうのに十分な収益を上げたそうです。この支部のRestore活動はこの地域で最も成功している事例の一つのようですが，米国のHabitat for HumanityのRestore活動で他に成功している地域には，カンザス・シティやテキサス州のオースティンなどがあるようです。

なお，米国にはHabitat for Humanity以外にもリユース建材の販売店があり，とくにオレゴン州のポートランドやワシントン州のシアトルなど，米国の北西部で販売が盛んなようです。また，米国で建築物の解体や建材のリユースを取り扱う他の大きな企業にはThe Reuse People（TRP）of Americaなどがあるようです[24]。

参考文献

1) パワーグリーン・ジャパン：レギュラーガソリン単価推移，http：//www.pg-japan.com/power_oil4.html，visited November，2007
2) チーム・マイナス6％運営事務局（環境省地球環境局地球温暖化対策課国民生活対策室）：チーム・マイナス6％──みんなで止めよう温暖化，http：//www.team-6.jp/，visited November，2007
3) 市川日本語学院：e-learningによる日本留学試験教材「総合科目」，歴史第4課，2001，http：//www.cmpk.or.jp/user/aiueoscl/EJUAIS/rekisi/q4.html，visited December，2004
4) 村本孝夫：環境科学，2.エネルギー消費，成長の限界（ローマクラブ），http://www.sue.shiga-u.ac.jp/~muramoto/energy-syouhi/seityounogennkai.files/slide0001.htm，visited December，2004．
5) 世界自然保護基金ジャパン（WWFジャパン）：生きている地球レポート2002　エコロジカルフットプリント，http：//www.wwf.or.jp/activity/lib/lpr/lpr2002/efp.htm，visited November，2007
6) 世界自然保護基金ジャパン（WWFジャパン）：生きている地球レポート2002　はじめに，http：//www.wwf.or.jp/activity/lib/lpr/lpr2002/index.htm，visited November，2007
7) 世界自然保護基金ジャパン（WWFジャパン）：Living Planet Report 2004 エコロジカル・フットプリント，http：//www.wwf.or.jp/activity/lib/lpr/lpr2004/ecoprint.htm，visited November，2007
8) 経済産業省：地球温暖化とCOP3に関する疑問（Q＆A），I.地球温暖化問題に係る5つの疑問，1997.9，http：//www.meti.go.jp/topic-j/e97924aj.html，visited December，2004
9) 環境省：気候変動に関する政府間パネル（IPCC）第4次評価報告書　第1作業部会報告書（自然科学的根拠）の公表について，http：//www.env.go.jp/press/file_view.php?serial＝9125&hou_id＝7993，visited November，2007
10) 科学技術振興機構：原子力図書館，地球温暖化防止京都会議（1997年のCOP3），01-08-04-10，http：//sta-atm.jst.go.jp：8080/atomica/01080410_1.html，visited December，2004
11) 全国地球温暖化防止活動推進センター：これまでの温暖化関連ニュース（2004年），http：//www.jccca.org/topnews/，visited December，2004
12) 海外環境協力センター（OECC）：京都メカニズム情報プラットフォーム，京都メカニズムとは，

http://www.kyomecha.org/about.html，visited November，2007
13) 環境省：2005年度(平成17年度)の温室効果ガス排出量(確定値)＜概要＞，http://www.env.go.jp/earth/ondanka/ghg/2005gaiyo.pdf，visited November，2007
14) 環境省：循環型社会形成推進基本法の趣旨，2000.6，http://www.env.go.jp/recycle/circul/kihonho/shushi.html，visited November，2007.
15) 環境省：建設リサイクル法の概要，http://www.env.go.jp/recycle/build/gaiyo.html，visited November，2007
16) 環境省：資源有効利用促進法の概要，http://www.env.go.jp/recycle/recycling/recyclable/gaiyo.html, visited November，2007
17) 山際康之：リサイクルを助ける製品設計入門 －分解まで考えたモノづくり－，講談社ブルーバックス，1999.6
18) 松藤泰典：九州大学21世紀COEプログラム「循環型住空間システムの構築」平成15年度成果報告書，pp.1-12，2004.7
19) The Hamer Center for Community Design：Design for Disassembly in the built environment：a guide to closed-loop design and building，http://www.aia.org/SiteObjects/files/COTEnotes Disassembly.pdf，visited November，2007
20) Building Materials Reuse Association：the Building Materials Reuse Association's(BMRA) website，http://www.buildingreuse.org/，visited November，2007
21) Building Materials Reuse Association：the conference website for Decon '07，http://www.union.wisc.edu/bmra/，visited November，2007
22) 特定非営利活動法人ハビタット・フォー・ヒューマニティ・ジャパン：ハビタット・フォー・ヒューマニティ，http://www.habitatjp.org/index.php，visited November，2007
23) Habitat for Humanity of Wake County ： Habitat for Humanity of Wake County ReStore，http://www.habitatwake.org/restore/index.html，visited November，2007
24) The ReUse People of America, Inc.：The ReUse People of America，http://www.thereusepeople.org/，visited November，2007

第2章 環境負荷低減に有効な循環の形態

2.1 持続可能な生活形態

2.1.1 環境倫理

　松藤泰典(北九州市立大学国際環境工学部長，九州大学名誉教授)は本シリーズの1冊「100年住宅への選択」の中で，「科学技術の急速な発展が求める新しい倫理観」の一つとして「環境倫理」を挙げています[1]。そこでは，生活形態を持続可能な状態に保っていくための諸説が以下の6項目に整理されています。

(1) 再生不能資源の利用は，最小化する

　石油や石炭，天然ガスなどの化石燃料は，もとは古代において植物が堆積し，現代までの間に生成したものですから，同じだけの時間を経れば再生するのかもしれませんが，現代ではそれに比べて非常に短い間にこれらの消費が行われていますので，化石燃料は実質的には再生不能資源ととらえるべきでしょう。したがって，これらの消費は最小化しなければなりません。また，燃料だけでなく，金属の原料となる鉱物などもこの再生不能資源にあたるでしょう。

(2) 再生不能資源は，物理的・機能的に同様の価値を持つ代替資源が再生可能資源としてつくられていく限りにおいて利用できる

　化石燃料と同様の価値を持つ再生可能な代替資源にはどのようなものがあるでしょうか。例えば，発電を目的とするなら，太陽エネルギーやその他の自然エネルギーも代替資源と考えられるでしょう。また，金属の原料となる鉱物には再生可能な代替資源があるでしょうか。これにはリサイクルを行うために回収した金属が該当すると考えるべきでしょう。

(3) 再生可能資源は，消費するとすれば，再生されるより遅く消費する

　再生時間を考慮する必要がある再生可能資源の代表はやはり木材でしょう。近

年ではとくに製紙の原料として，木材より再生時間の早い植物が利用されたりしています。

(4) 廃棄物は，環境が吸収できる量以下で排出する
(5) 人の生態系への介入の程度は，生態系の再生時間と調和する

廃棄物の吸収が微生物による分解であることを考えると，廃棄物の排出は一種の生態系への介入といえるので，(4)は(5)の一部と考えることもできるでしょう。(5)はこれらの他に，自然豊かな土地の開発なども対象といえます。

(6) 企業と消費者は価値観を共有する

これはさまざまな局面に当てはまる表現になっていますが，少なくとも，これまで企業と消費者の立場は場面によっては相容れないこともあったかと思いますが，今後は，とりわけ環境問題に関しては，両者が同じ目的に向かって真摯に対応していくべきといえるでしょう。

2.2 リデュース・リユース・リサイクル

2.2.1 リデュース・リユース・リサイクルとリターン

前節の6項目を満足させ，生活形態を持続可能な状態に保っていくための環境技術として，3R（リデュース・リユース・リサイクル）などが推進されていることはよく知られています。日本では経済産業省を中心に，この3Rの推進活動が行われています[2]。リデュース，リユース，リサイクルがそれぞれどのような内容を指しているのか，視覚的にとらえられるように示したのが**図-2.2.1**です。この図は松藤と山口（本書の著者）らがゼミを通じて作成していったもので，前出の「100年住宅への選択」の中でも紹介されています[1]。

図-2.2.1は，横軸に経年を，縦軸にLCC(Life Cycle Cost)，$LCCO_2$(Life Cycle CO_2)，LCE(Life Cycle Energy)，ROS(Risk on Site：現場におけるリスク)などの評価値をとった2次元のグラフで表現されています。グラフの原点(①点)はINPUT側の生態系に存在する資源を採取する時点に設定されています。

縦軸にLCEをとって，従来の「大量生産・大量消費・大量廃棄」型の経済社会における資源の流れを考察してみましょう。まず，採取された資源(①点)はある程度の時間とエネルギーをかけて工業製品の原料に加工されます(②点)。例えば紙

2.2 リデュース・リユース・リサイクル

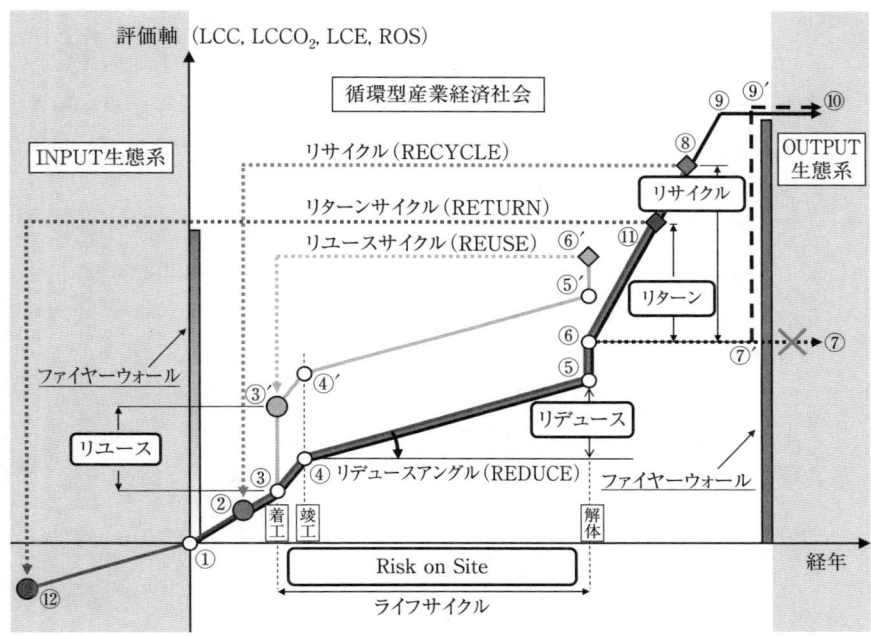

図-2.2.1 リサイクル・リデュース・リユースとリターン

の場合、①点は伐採した木材の状態、②点はパルプの状態にあたります。プラスチックの場合は、①点は採掘した石油の状態、②点は成形前の溶けた有機材料の状態にあたります。いま、ライフサイクルを考える対象を建築物とする場合、着工時には原料（②点）を加工し製造された建材（③点）を集め、それらを組み立てて建築物（④点）が竣工します。その後、建築物は使用に供され、運用期間を経て解体の時期（⑤点）を迎えます。解体によって発生した回収物（⑥点）は、とくに規制などがなければ、エネルギー的な負荷が最も少ない「そのまま廃棄」という手続きがとられ、OUTPUT側の生態系の⑦点に到達します。

この①→②→③→④→⑤→⑥→⑦の一方通行的な資源の利用を繰り返していると、当然INPUT側の生態系に存在する資源は枯渇し、OUTPUT側の生態系は適正な処理のされていない廃棄物で溢れ、産業経済社会自体の存続が困難になることは明らかです。これは前節で示した「環境倫理」のうち、(1)や(4)を満たしていない状態にあたります。

環境負荷の低減のために行われているリサイクルは、解体によって発生した回

収物(⑥点)のうちリサイクル可能なものにエネルギーを投入し，リサイクル可能な状態(⑧点)になったものを原料(②点)として再度利用するというものです。数サイクルを繰り返す場合，1サイクル目の⑧点と，2サイクル目の②点がちょうど重なると考え，2サイクル目以降は②→③→④→⑤→⑥→⑧→②を可能な限り繰り返します。戻る点が原料の段階ですので，前のサイクルとは別の製品(③点)を製造し，別の用途に使用することも可能です。その反面，毎回のサイクルに製品を製造する工程(②→③)が必要で，その分の負荷がサイクルごとに発生します。

　回収物(⑥点)を単に，生態系に悪影響が及ばない状態(マイナスでない状態)にして廃棄するという行為はOUTPUT側の生態系への廃棄になりますが，将来の資源の生成に有用な状態(プラスの状態)にして生態系に戻す行為はINPUT側の生態系へのリターン(Return，返却)として環境負荷の低減に寄与します。回収物(⑥点)のうちリターン可能なものにエネルギーを投入し，将来の資源の生成に有用な状態(⑪点)になったものをINPUT側の生態系(⑫点)へ返却します。⑫点は第3象限に存在し，採取可能な資源(①点)に戻るまでに時間とエネルギーの両方を必要とします。食料品を例にとれば，生ゴミ(⑥点)を堆肥(⑪点)化して土に戻し(⑫点)，新たな農作物が育ち収穫する(①点)までには更なる時間とエネルギーの投入が必要です。⑫→①→②→③→④→⑤→⑥→⑪→⑫がリターンサイクルです。リサイクルに比べて⑫→①→②の過程が余分に必要なので，⑥→⑪の過程がリサイクルの⑥→⑧の過程に比べてエネルギーやコストの面での優位性がなければリターンサイクルの存在価値は低くなります。

　リユースでは，建築物を対象とする場合，原料(②点)から建材(③点)を製造する段階で工夫を施し，リユース可能な建材(③′点)としておきます。それらを組み立てて竣工した建築物(④′点)は，運用後，解体の時期(⑤′点)を迎えますが，解体によって発生した回収物(⑥′点)は新たなエネルギーをほとんど投入することなく建材(③′点)として再使用する，というのが環境負荷の低減のために行われるリユースです。③→③′の工程を経るのは1回だけで，2サイクル目以降は③′→④′→⑤′→⑥′→③′のリユースサイクルを可能な限り繰り返します。リサイクルやリターンサイクルに比べて1サイクルを回すのに必要なエネルギー負荷が小さく，環境負荷低減効果が高いといえます。また，リサイクルやリターンのためのエネルギー投入(⑥→⑧や⑥→⑪)が製品の組み立て・運用の過程(③→④→

⑤)の後で行われるのに対し，リユースのためのエネルギー投入(③→③′)は製品の組み立て・運用の過程(③′→④′→⑤′)の前に行われます。リユースを成立させるための条件は，繰り返し使用する部品(③′点)の耐久性が高いことと，分解可能な方法で組み立て(③′→④′)が行われることです。

　環境負荷の低減のために行われるリデュースとは，各過程，とくに運用段階(④→⑤や→④′→⑤′)におけるエネルギー負荷の時間的増加率を抑制する取り組みのことです。エネルギー負荷の時間的増加率は，横軸に経年をとった図-2.2.1では各過程を表す直線の勾配で表現されます。この勾配をリデュースアングルと呼んでいます。リデュースアングルはゼロに近い緩やかな勾配であるほど環境に及ぼす負荷が小さくなります。運用段階のリデュースアングルを小さくすることがLCEの削減のためには重要ですが，各過程の設計段階において材料や機械(動力)の使用量を効率的に見直すことも，各過程におけるリデュースにつながります。また，建築物を対象とする場合のリデュースの取り組みとして，建築物の長寿命化がよく挙げられます。確かに，解体や新たな建設というエネルギー負荷の高い活動を行う回数を減らす建築物の長寿命化はリデュースの取り組みとして有効と考えられますが，長寿命化した建築物の運用段階のリデュースアングルが大きければ，長寿命化する意義が減少してしまいますので注意が必要です。

　ROS(Risk on Site：現場におけるリスク)は，各過程において行われる作業に伴うリスクのことです。いったん労働災害が発生するとその対象におけるLCCは計画段階の値から大幅に狂い，負荷が増大することから，環境負荷の低減を図る上でROSのマネジメントは不可欠であり，むしろ前提として取り組まれるべきものといえます。

　リサイクルやリユース，リターンが不可能なものも，環境負荷の低減のためにはそのまま廃棄するのではなく，OUTPUT側の生態系が受容可能な状態(⑨点)に処理してから廃棄(⑩点)する必要があります。縦軸にLCCをとって考えると，解体によって発生した回収物(⑥点)がそのまま廃棄(⑦点)されるのを防ぎ，リサイクルやリユース，リターンを推進するには，リサイクルを行う場合のLCC(⑧点)や，リサイクルが不可能なものの処理を行ったときのLCC(⑨点)よりも高い「コストとしての障壁(ファイヤーウォール)」を，環境税などの行政措置のかたちでOUTPUT側の生態系に出る前に設け，⑥→⑦′→⑨′→⑩の経路を辿らせる必要があります。同様のファイヤーウォールは，リターンサイクルが確実に行われ

るために，回収物（⑥点）のうちリターン可能なものが将来の資源の生成に有用な状態（⑪点）になったことを監視する意味で，INPUT 側の生態系に戻る前にも設ける必要があります。

21 世紀の産業経済社会は，その活動においてこれらのリサイクル，リユース，リデュース，リターンなどを効果的に取り込み，INPUT 側の生態系から OUTPUT 側の生態系への一方通行的な資源の浪費を抑制し，かつその活動における LCC，$LCCO_2$，LCE，ROS などの評価値の最小化を目指して，「持続型」あるいは「循環型」の産業経済社会への移行が推進されなければならないといえるでしょう。

2.3 我が国における建築物の環境対策

2.3.1 国土交通省や日本建築学会の取り組み

循環型産業経済社会の構築に向けた取り組みは，対象を住空間とする建築およびそれらを取り巻く住環境の分野においても徐々に顕著になりつつあります。我が国のエネルギー消費量を部門別で見ると，産業部門のエネルギー消費が比較的低い伸びに留まっている一方で，全エネルギー消費量の約 1/4 を占める民生部門は増加傾向にあり，住宅・建築分野に関する対策が重要な課題となっています[3]。

建築物の資産価値にも影響する建築物の総合的な環境性能評価手法が欧米のみならずアジア諸国にも急速に広まっていることはすでに 1.4.1 項で紹介しました。我が国における建築物の環境性能評価手法としては，2003 年に国土交通省住宅局の主導による建築物総合環境性能評価システム CASBEE（Comprehensive Assessment System for Building Environmental Efficiency）が提案され，普及に向けた取り組みが行われています[4]。

日本建築学会では，1990 年大会の環境工学部門の研究協議会「地球環境と都市・建築」や，同じく建築計画部門の研究協議会「環境・資源と建築設計とのかかわりを考える」から本格的な取り組みが始まりました。同年には建築と地球環境に関する特別研究委員会が設置され，2 期にわたる特別研究委員会を経て，1995 年度より地球環境委員会が常設されました[5]。1997 年 7 月には日本建築学会地球環境行動計画が機関決定され，同年 12 月には会長声明「気候温暖化への建築分野で

の対応」が公表されました。1999年3月には地球環境委員会サステナブルビルディング小委員会が,「サステナブルビルディング普及のための提言」と題する研究報告書を公表しています。2000年6月には,日本建築学会,日本建築士会連合会,日本建築士事務所協会連合会,日本建築家協会,建築業協会の建築関連5団体共同で「地球環境・建築憲章」が制定されました。そして2003年2月には,総合論文誌の第1号が「地球環境建築のフロンティア」をテーマとして発刊されています[6]。

日本建築学会でのサステナブルな建築構造に関する活動としては,地球環境委員会の中に設置された地球環境・構造小委員会や,構造委員会の中に設置された期限付き建築物リユース小委員会によって,学会大会でのパネルディスカッションなどが行われています。

2.3.2 「循環型住空間システムの構築」とスループット方程式

文部科学省の21世紀COEプログラムでは,平成15年度に公募のあった「機械,土木,建築,その他工学」の分野において,九州大学大学院人間環境学研究院を中心とするプログラム「循環型住空間システムの構築」などが採択されています。この「循環型住空間システムの構築」では,建築単体からその有機的集合体である地域社会にわたる住空間を対象とし,豊かさを維持・向上させながら,エネルギー消費を抑制して環境負荷の低減を可能にする持続可能な住空間創造のための方法論を「循環型住空間システム」として構築することで,循環型経済社会の実現に寄与する拠点(COE:Center of Excellence)の形成に向けた活動が行われてきました[7]。同プログラムでは,エリヤフ・ゴールドラットの制約条件の理論

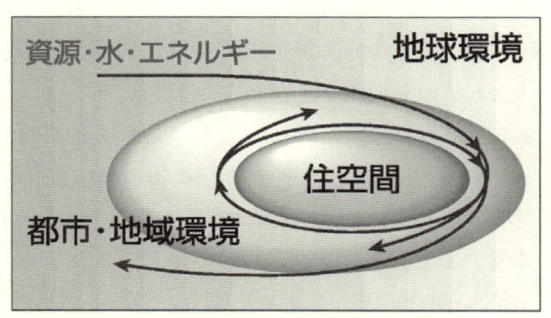

図-2.3.1　循環型住空間システムの概念

(Theory of Constraints)を援用して導いた生活の豊かさ(W：Welfare)と環境負荷(D：Environmental Damage)の差，すなわちスループット(T：Throughput)を最大化する方程式(式(2.1))をシステム評価およびマネジメントの基礎方程式としているところに特色があります[7]。

$$T = W(\text{Sa, R, H, C, Se}) - D(\text{LCE, LCCO}_2, \text{LCC, ROS}) \quad (2.1)$$

ここに，Sa：安全
　　　　R：安心
　　　　H：健康
　　　　C：快適
　　　　Se：感性

式(2.1)は同プログラムにおいてスループット方程式と呼ばれています。式(2.1)中のWはSa，R，H，C，Seを，DはLCE，LCCO$_2$，LCC，ROSをそれぞれの変数として値を算出します。リデュース，リユース，リサイクルなどの環境技術は，LCE，LCCO$_2$，LCCの低減に寄与します。

生活の豊かさWと環境負荷Dの差で与えられるスループットTを最大化する意義について，簡単な例で考えてみます。外気温が35℃のとき，室温28℃の部屋を実現したいとすると，このとき「室温28℃の部屋」は生活の豊かさWに相当します。完全に締め切った高断熱高気密型の住宅などでは，この「室温28℃の部屋」は比較的小さなエネルギーの投入，すなわち小さなDで実現できます。一方，昔ながらの隙間の多い日本の住宅でも，室温を28℃に近づけることはできるはずです。しかし，そのためにエアコンを運転する電気代や，投入されるエネルギー，すなわち環境負荷Dは，高断熱高気密型の住宅に比べて明らかに大きくなるでしょう。このように，同じWを実現するためにはDが小さいほどTが大きくなります。したがって，豊かさWを維持・向上させながら環境負荷Dを低減するにはスループットTの最大化が目標となります。

前節で述べたCASBEEで評価指標として用いられる建築物の環境性能効率BEE(Building Environmental Efficiency)は，建築物の環境品質・性能Q(Quality)を建築物の外部環境負荷L(Loadings)で除して，BEE = Q/Lとして与えられます[4]。このQを算出するとき，「感性」については考慮されませんが，式(2.1)中のWの項には「感性」Seが変数として含まれます。スループット方程式では，豊かさWを算出するにあたり，この家がほしいという思いや，ほしかった家に住

んでいるという満足感なども考慮しようという姿勢が表れています。また，BEEのLを算出するとき，「現場におけるリスク」については考慮されませんが，式(2.1)中のDの項には「現場におけるリスク」ROSが変数として含まれます。これは2.2節でROSを低減すべき評価値としてとらえていることと同様に説明されます。

また，BEEがQとLの比で算出されるのに対し，スループットTはWとDの差として算出されます。比はどのような2つの値についても計算でき，何らかの「指標」を得ることができますが，差は次元が同じものの間でしか計算することができません。スループット方程式ではWとDの次元をどのようにして揃えるかが課題となります。一方，差として得られるスループットTは何らかの「絶対量」を表現しますので，計算ができれば政策などの優先順位付けに効果を発揮すると考えられます。

システム評価やマネジメントの基礎方程式としてのスループット方程式の有効性については，21世紀COEプログラム「循環型住空間システムの構築」の研究期間満了まで検討が続けられています。

2.4 地球環境に優しい建築構造であるために

2.4.1 持続型の建築構造と循環型の建築構造

「地球環境に優しい建築構造」を実現するには，耐久性の高い建築構造システムを開発し，できるだけ長期間使用する「持続型」と，建材をリユースやリサイクルして何度も使用する「循環型」の両者について研究を進める必要があることは前にも述べました。「持続型」はこれまで建築構造の研究が進んできた延長線上で，より耐久性の高い材料や構造システムを目指したり，既存の建物を適切に補強・改修したりすることで，建物の寿命を延ばし，材料などのリデュースを実現しようとするものです。一方の「循環型」は，建材を何度も使用するということを実現するために，それに相応しい建築構造システムが与えられなければなりません。これまで建築構造の研究が前提としていた仮定も見直す必要が場合によってはあり得ます。本書では，この点を皆さんと一緒に少し考えてみたいと思います。

「循環型の建築構造」を考えるための参考として，次の章ではアメリカの

Bradley Guy の著作による Design for Disassembly に関するガイドブック[8]の内容の一部を紹介します。

参考文献

1) 松藤泰典：持続都市建築システム学シリーズ　100年住宅への選択，技報堂出版，2007.8
2) 経済産業省：3R 政策，http://www.meti.go.jp/policy/recycle/index.html，visited November, 2007
3) 松藤泰典：T-BHS が目指したもの，科学技術振興事業団 CREST 国際シンポジウム「セラピューティック煉瓦造住宅の住環境効果」，pp.B3-1-B3-17，2002.10
4) 建築環境・省エネルギー機構：建築物総合環境性能評価システム，http://www.ibec.or.jp/CASBEE/，visited December, 2004
5) 伊香賀俊治：日本建築学会における地球環境問題への取り組み，建築雑誌，第117集，第1487号，pp.52-55，2002.4
6) 日本建築学会：地球環境建築のフロンティア，総合論文誌，第1号，2003.2
7) 松藤泰典：九州大学21世紀 COE プログラム「循環型住空間システムの構築」平成15年度成果報告書，pp.1-12，2004.7
8) The Hamer Center for Community Design：Design for Disassembly in the built environment：a guide to closed-loop design and building，http://www.aia.org/SiteObjects/files/COTEnotesDisassembly.pdf，visited November, 2007

第3章 建設環境における解体を考慮した設計

3.1 DfD 序説

3.1.1 はじめに

　DfD は，設計・建築業界の新しいコンセプトで，Design for Environment（DfE：環境適応設計）を構成する重要な要素です。DfE は，ある商品のライフサイクル期間中，環境や人間の健康に影響を及ぼす要素を考慮した設計を指します。Design for Assembly（DfA：組立性設計）など DfE のカテゴリに含まれる設計コンセプトは数多くありますが，その中でも DfD は，建築物の最終期での管理による資源保護の最大化と，建築物の撤去を減らすための適応性のある建築物の創造を目指す設計を行う上で不可欠な要素です。再開発の際には解体・撤去される建築物が多く，土地利用計画が変わると活用できなくなることを考えると，DfD は，破壊的な建築物の取り壊し・撤去につながる老朽化を防ぎ，経済要因（人件費など）を軽減する上で知的な戦略になり得るのです。

　解体を考慮した設計（DfD）は，製品の最終期の管理に対する注目が高まるに伴い，製造業界で話題を集めています。また，大量の消費材の廃棄，廃棄による公害（有害物質の発生），製品で使用する資源やエネルギーの浪費などの問題により，DfD のニーズが高まっています。とくにヨーロッパでは，廃棄物と有害物質に対する制限を設けたことにより，欧州議会の使用済み自動車に関する2000/53/EC 指令やドイツの 2002 年廃車法など「拡大生産者責任」がこれまで以上にクローズアップされています。「拡大生産者責任（EPR）」とは「生産者が製品の生産・使用段階だけでなく，廃棄・リサイクル段階まで責任を負う」[1]と定義されています。つまり，生産者は製品のリユースやリサイクルを含め，最終的廃棄に至るまでの全ライフサイクルに責任を負い，最低限のリスクで経済的な収益性を

実現しなければならないのです。EPR 設計や製造プロセスに関する 2000/53/EC 指令の項目は次の通りです[2]。

- 有害物質の削減とコントロール
- 自動車や部品の解体，リユース，リサイクルを設計と生産段階から組み込む
- 自動車部品の回収を前提とした解体物件の証明書発行
- 部材や材料のコード化された規格の使用
- 正しく，環境的に健全な使用済み製品処理を目指した解体情報の作成と流布
- 自動車一台に対して回収できる材料の平均量の数値化可能な目標

建築物は，基本的に組立済みの部材と現場で組み立てる材料や部材で構成されているので，他の組立製品と同じように，DfD（解体を考慮した設計）を建設環境に適用することは可能です。建築物の場合，他の組立製品と異なるのは，各現場で加工する「湿式」工法が大部分を占めることです。現場打ちコンクリートなど文字通りの「湿式」工法は，解体しにくく，リユースには向いていません。

通常は「製品」として見なされるわけではありませんが，建築物は材料，部材，接合部によって構成され，設計者，エンジニア，取引業者，材料や部材のメーカーの共同作業によってつくられます。住居は雨風をしのぐシェルターであるとともに快適さを実現するものです。公共の建物は文化的なシンボルでもあります。そしてこれらには工芸品と同じような深い意味があります。社会における重要性，そして地球の資源活用に多大な影響があることを考えると，建設関連の資源を持続的に利用しようという動向においては，採取から製造，設計，建設，運用，改築，最終期に至るまでの建築物のライフサイクルにおける資源フローの管理を考慮しなければなりません。

建設環境に DfD を採用する背景には，実用的な理由も数多くあります。米国の国土地理院の概算では，米国経済における材料フロー（食料と燃料を除く）の 60％は，建設業界が消費しているといわれています[3]。US EPA（米国環境保護庁）によると，米国で年間に排出される建設関連廃棄物の 92％は改築や解体物件から出されるものであり，新築物件から出される廃棄物はわずか 8％です。また，こうした廃棄物が米国の全廃棄物の上位 30％を占めているのです[4]。ネルソンは，2000 年には 2 960 億平方フィートだった米国の建築面積は，2030 年には 4 270 億平方フィート必要になるだろうと予測しています。この伸び率については，820 億平方フィートが建築物の建て替えによって既存の建築面積と置き換

わり，1 310 億平方フィートが新規建設によるもので，合計して 2 130 億平方フィートが新しい建築面積になると見られています。

つまり，2000 年に存在する建築物の 27％が 2000 年から 2030 年の間に建て直され，2030 年に存在する建築物の 50％以上が 2000 年以降に建築されたものになります[5]。建て直される建築物や新しく建設される建築物の大部分は，2030 年以降の世代の廃棄物の源になる可能性もありますが，DfD を取り入れることにより，修繕や改築，解体で廃棄される材料を回収することもできるのです。

DfD は，建物の建設，改築，解体における材料の消費や廃棄物を減らし，そのままの状態で残せる建築物を増やすだけでなく，将来の建築材料として活用できるストックとなるような建築物をつくることを目的として考案されたものです。資源の保護と，将来再利用できる部材の回収が可能な建築物を実現することは，建設業者，所有者，住人と，建築物があるコミュニティに経済的・環境的メリットをもたらすことになります。

3.1.2 現在の設計における問題点

一般的に，建築物はリユースやリサイクルを前提とした材料の採用，解体，回収が困難です。その理由は次の通りです。

- 再生可能な繊維質の材料から，無機/有機質の鉱物（石油）を使う方向に傾向が変化している。また，合成・人工製品の使用が増えており，化学的に複雑な構造であるため，リサイクルが難しい。
- 混合された回収材料の解体・処理の人件費。また，手作業，機械，熱，光学，音波などの分解能力。
- 空気圧による釘，ステープル（U 字形の釘），接着剤など「元に戻す」のが非常に難しい接合工法の使用。
- 熟練した技能が失われ，デザイン的に美しい露出型の接合部やディテールを施工する人件費が高騰。
- 外皮（壁）/仕上げ/構造システムの代わりに，多重層の仕上げ材料で各部をコーティング，または封じ込めることが多い。
- 長期間に渡って所有者が変わらないというケースがほとんどなく，適応，改築，解体のコストは元の所有者が負担しない。
- はじめから短期間の使用を意図した建物（展示スペース，エンタテイメント

の会場など)を除き，解体性を前提として設計された部材やシステムを採用すると，建築物の価値を下げ，デザイン性や寿命/安全性を犠牲にしたという印象を与える。

　BMRA(建築材料リユース協会)によると，解体における障害で最も大きな要因は，「解体にかかる時間」であり，次に「処理予算が低い」ことが挙げられています[6]。建築・解体による廃棄物の処理費用を設計者が変更することはできませんが，DfDを採用することにより解体プロセスの効率向上が可能になります。

3.1.3 DfDとは何か?

　DfDとは，将来的な仕様変更や最終的な解体(部分的，または全体)におけるシステムや部材，材料の回収を考慮した建築物の設計を指します。この設計プロセスには，工法，部材，材料，建築技術の開発と，目的の達成を目指した情報と管理のシステムが含まれます。材料の回収は，リユース，補修，再製造，リサイクルにより，経済価値を高め，環境への影響を最低限に抑えることを目的として行われます。材料からのエネルギー回収と安全な生物分解は，最終的な手段の一つです。DfDは，建築物全体の柔軟性や転換性，増減(増築や一部撤去)性を実現するものです。つまり，DfDの導入は建築物の解体を回避する一助にもなるのです。DfDには，リユース可能な材料，リサイクル原料を意図した材料，あるいは完全に生物分解可能な「天然」材料を使用することも含まれます。また，持続可能な建築物のすべての側面がサポートされるような取り組みもDfDのコンセプトの一つです。実際，省エネと健全な屋内環境づくりを実現する採光システムによる複雑な電気システムの削減など，DfDにはさまざまな側面があります。採光設計などのアイディアを適用した結果，耐用期間を通じたさまざまなプログラムや，技術的な情報の更新，物理的な構成に適応できる動的(ダイナミック)な建築物になります。

　その土地特有の「原始的」な構造は，補修や可動性，変更が必要な周囲環境との共生的関係の中で設計・建築されます。例えば，部族の移住パターンに合わせて何度も組立・解体できるネイティブアメリカンのティピー(テント小屋)において，DfDは不可欠な要素です。

　伝統的な日本文化では，豊かな森林を持ち，気候が穏やかで，地理的に地震が多いという条件が揃い，解体性の高い木製の建具を基本とした高度な技術の建築

3.1 DfD 序説

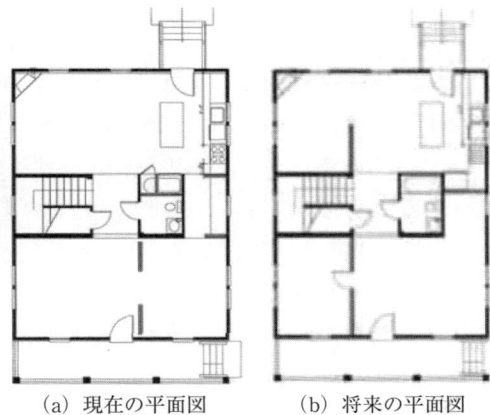

(a) 現在の平面図　　　(b) 将来の平面図

［出典］CHRC, Atl, GA, Design for
　　　　Disassembly Case Study Home
　　　　http://www.chrcatlanta.org/
　　　　designbuild_feaprojects.html

［出典］CHRC, Atl, GA, Design for Disassembly Case
　　　　Study Home　http：//www.chrcatlanta.org/
　　　　designbuild_feaprojects.html

図-3.1.1　DfD ケーススタディ建物 コミュニティ住宅リソースセンター（ジョージア州アトランタ）（写真：Bradley Guy 氏提供）

図-3.1.2　将来的な変更への対応（画像：Bradley Guy 氏提供）

図-3.1.3　伊勢神宮

が生み出されました。こうした伝統の典型が伊勢神宮で，過去1300年に渡って20年ごとに解体と再建が行われています。このプロセスには，次の再建に使用する木材を管理したり，解体した神社の材料を別の神社に分与し，リユースしたりすることも含まれます。この解体・再建サイクルにより，高度な大工（宮師）技術が何世紀にも渡って守られ，継承されています。

最近では，建築の国際的な様式は，デザイン性，居住者のコントロール，全体的な持続可能性に顕著な問題があるとしながらも，DfD のコンセプトの多くを統合しています。ル・コルビュジエ（Le Corbusier）の「近代建築の五原則」からミース・ファン・デル・ローエ（Mies van der Rohe）のバルセロナパビリオンまで，現代主義者は素材を重視し，デコラティブな装飾は使わずに表現活動を行っています。現代建築では，素材や接合方法によって建築物の組立を表現することがよく行われます。その顕著な例がニューヨークにあるシーグラムビルです[7]。金属，ガラス，石，コンクリートなど「純度の高い」素材を駆使したこの建築物には，リユースとリサイクルの可能性が元から備わっています。ボルトなどの接合方法は，現代主義において重要な要素として浮かび上がっており，今後可能性のある解体法として価値が高いといえます。

これを裏付けるのが，リチャード・ロジャース（Richard Rogers）やレンゾ・ピアノ（Renzo Piano）の作品です。ロイズ・オブ・ロンドン（ロイズ保険の本社ビル）やポンピドゥー・センター（Centre Pompidou）の「ハイテク」スタイルにも DfD の原理が数多く採用されています。こうした建築物の設計では，内部のコア機構とユーティリティシステムが裏表ひっくり返されています。機械，配管，電気システムを配置する骨組として構造自体を利用し，オープンで柔軟性の高い間取りを実現しているのです。当然のこととして，短期間で配置し，一時的に使用する展示パビリオン，エンタテイメント用の会場，軍事施設では，DfD は不可欠です。これらの施設は，現代の DfD の一般的に知られる例ですが，半永久的な種類の建築物の設計においても DfD は価値の高いコンセプトを実現します。

3.2 原　則

3.2.1　はじめに

　ローマの建築家ウィトルウィウス（Vitruvius）によって紀元前1世紀に書かれた「建築十書（De architectura）」では，建築の基本原理を「強，用，美」としています。この原理は今日も活きていますが，必ずしも現代の社会経済の動向にはそぐわないといえます。過去3年間，米国の大都市で実施した調査によると，建築物の解体撤去の57％は「地域の再開発」や「希望する用途に合わない」ことが理由であり，「強，用，美」とはあまり関係がないことがわかりました[8]。

3.2.2　DfDのための10原則

（1）解体用の材料と工法を書面上に記録する
　竣工図，接合部や材料のラベリング，「解体計画」を仕様にあらかじめ入れておくことにより，効率的な解体・撤去が実現できる。

（2）将来を考慮した材料の選定を行う
　将来的な影響を考慮した質の高い材料は，価値が損なわれない上，リユースやリサイクルに適用しやすい。

（3）接合部にアクセスしやすい設計を行う
　接合部を視覚的，物理的，人間工学的にアクセスしやすく設計することにより，効率が向上し，高額な設備や大がかりな作業者の健康・安全対策が必要なくなる。

（4）化学物質による接合を最小限，またはゼロに抑える
　接合剤やシール剤，接着剤などを材料に使用すると，分解やリサイクルが難しくなり，人間や環境に好ましくない影響を及ぼす可能性がある。

（5）ボルト，クギ，ネジによる接合を使用する
　限定された標準的な接合のパターンを使用することにより，必要な道具や，道具を使い分ける時間と労力を減らすことができる。

（6）機械，電気，配管（MEP）システムを分ける
　施工時から複雑なMEPシステムを分けておくことにより，補修や交換，リユース，リサイクル時に部材や材料が解体しやすくなる。

(7) 作業者と労働力の分離を考慮した設計

人力で対応できる規模，あるいは標準的な機械設備による解体を前提とした部材を採用することにより，必要な労働力を削減し，さまざまな技能レベルの作業者を組み込むことができる。

(8) 構造と形状の簡素化

単純なオープンスパンの構造，シンプルな形状，標準化した寸法グリッドを使用することにより，段階的な建設と解体を容易にする。

(9) 互換性

モジュール性，独立性，標準化の原則を備えた材料やシステムを使用することにより，リユースが可能になる。

(10) 解体における安全性

作業者の動きやすさと安全，設備と現場へのアクセス性，材料フローの簡略化を実現することによって，より経済的な改築や解体が行えるとともに，危険を減らすことができる。

3.2.3 具体的な戦略

- 高品質なリユース材料を使用し，市場における材料の再利用を奨励する。
- 種類の異なる材料の使用を最低限に抑え，解体プロセスの複雑さや回数を減らす。
- 人間や環境に悪影響を及ぼし，処理コスト，責任上のリスク，技術問題などのトラブルが想定できるような有害，あるいは危険物質の使用を避ける。
- 複合材料の使用を避ける。分離できない製品をつくる場合は，リサイクルを考えて同じ原料を使用する。
- 接合部が後で見つけにくくならないよう，接合部や材料を覆う2次仕上げを避ける。
- 材料の化学物質に関する標準的かつ永続的な識別情報を表示する。
- 種類の異なる部材の数を減らし，同じ種類で回収可能な部材の数を増やす。
- 内外装の被覆と構造を分離し，適応性を向上させるとともに，非構造部分の解体と構造部分の解体を分ける。
- 解体するのに十分な寸法公差を与え，隣接する部材に影響を及ぼす破壊的な解体方法の必要性を最小化する。

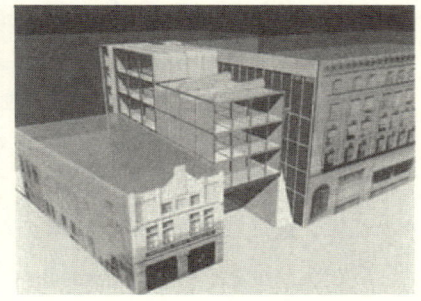

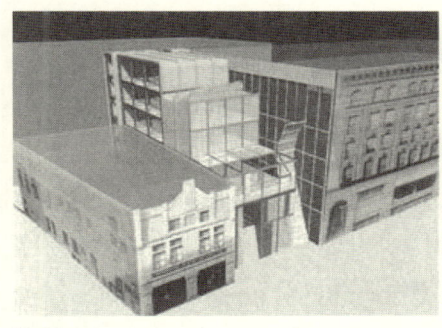

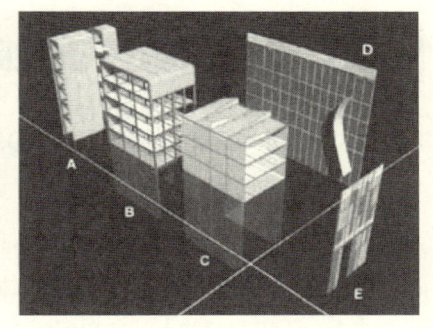

[出典] theoretical disassembleable infill housing project, Fernandez, J., Material Architecture：Emergent Materials for Innovative Building and Ecological Construction, Elsevier Architectural Press, 2005

図-3.2.1　理論上解体可能なインフィル住宅プロジェクト（画像：John E. Fernandez氏提供）

- 留め具や接合具の数を最低限に減らし，解体のスピードを向上させる。
- 組立と解体の繰り返しに耐えられるように接合部や接合具を設計し，適応性を向上させるとともに接合具をリユースできるようにする。
- 並行解体を可能にし，解体プロセスにおける現場作業時間の削減を図る。
- 標準の構造グリッドを使用し，標準サイズの材料回収を可能にする。
- モジュールユニットとしてリユースするための解体が可能で，現場以外の場所で更に細かい解体を効率的に行うこともできるプレハブの部分組立材を使用する。
- 人間や小型設備でも取り扱えるような軽量の材料と部材を使用する。
- 解体可能な位置を永続的にわかるようにしておき，解体プロセスの計画にかかる時間を削減する。

- 部材の一部だけが損傷した場合，部材全体をリユースできるよう，予備の部品とその保管場所を確保しておく。
- 解体ではなく上階方向への増築の場合にも対応できる基礎を設計する。
- 可能な限り幅の広い構造グリッドを使用し，非構造壁要素の大きさを最大にする。
- 機械，電気，配管（MEP）システムをコアユニットにまとめて整理し，ケーブルやパイプの数を減らして，必要のない複雑な構造をつくらない。

3.3 設計における戦略

3.3.1 リユースとリサイクルの戦略

　リユースとリサイクルを視野に入れた設計の目標は，置き換え可能ではありません。一般的に，リサイクルのための設計よりもリユースのための設計の方が望ましいからです。リユースの場合，部材や材料は無傷の状態で取り外し，できる限り少ない手入れでサービスやデザイン性の質を維持することが要求されます。一方，リサイクルのための設計では，材料の質を低下させるような破壊的な解体を行うことができます。新しい材料の原料として加工できないレベルにまで汚染，あるいは混合されていない限り，解体の状態は問われません[9]。

　与えられた構造の中で空間構成を最大限柔軟に活用することができれば，建築物の構造はそのまま維持することができます。このような場合，解体を考慮した設計は効果を発揮したといえます。また，現実的な範囲内で組立建材やその一部を他の建築物でリユースできるようにするため，設計者は細部に「将来対策」を施すことを考える必要があります。どちらの戦略も実用性がないと結論付けられた場合のみ，費用便益分析に従って，設計者はリサイクルに限定した戦略を取り入れなければなりません[9]。

3.3.2 建築物資源管理目標の階層

① DfDを取り入れた既存建築物の適応性のあるリユース
② 新築建物の適応性と長寿命を実現するDfD
③ 組立建材のリユース

④ 建築用部材のリユース
⑤ 建築用部材の再製造
⑥ 建築材料のリユース
⑦ 材料のリサイクル
⑧ 建築物の要素，部材，材料から回収したエネルギーの再利用
⑨ 建築材料の生物分解
⑩ 将来的な資源/エネルギー回収を前提とした埋め立て確保

(建築物資源管理の階層[9])

　材料資源の活用を最適化する上記の目標の階層の中には，DfDに組み込むことができる社会経済的利益，資源活用，公害予防，廃棄物回避の評価基準値があります。一般的な，また特定の建築システムにおいて見いだされるDfDの価値には，次の3.3.3項に列挙するようなものがあります。

3.3.3 DfDの価値

- 建築物1棟あたりの，また建築物1棟で使用される合計量に対する環境影響と廃棄物
- 使用する材料と，建設における過失の見込みしろの削減による初期費用の節減
- 解体プロセス，廃棄物処理，部材や材料の交換による将来的な費用の節減
- 摩耗や，空間的なニーズ，デザインの嗜好性，技術的あるいは他の効率的な機能改善による，特定のシステムに対する変更の可能性
- 建築物に影響を及ぼす組織的な動向や，よりスケールの大きな人口統計学的な動向，土地活用の動向，あるいは経済的な動向の推測
- 予測される運用・保守コスト，とくに人件費の削減
- デザイン性，ユーザーが指定する「目的」，エネルギーや水の効率性を含む持続可能な建築物の運営，室内環境の質などの優先を可能にするDfD戦略
- 柔軟性や解体性を確保するために，建築物の使用と類型に関する条件を満たすこと
- DfDがなければ実現できない建物利用者の組織的な行動パターンにおける特定の空間的なニーズ
- 機能の損失，廃棄物の発生，コストのかさむ補修や交換につながる，建築物

の個別の要素への壊滅的な損害に対する危機管理が DfD に求められるような，リスクの高い環境に置かれる建築物

3.4 設計プロセス

3.4.1 建築物の設計

　建築物においてエネルギー効率や持続可能な設計目標を満たそうとする場合，実行可能でコスト効率の高い戦略の優先順位付けが必要になります。同様に，DfD の採用においても，適用可能な戦略の優先順位付けが求められます。与えられた構造の中で空間構成を最大限柔軟に活用することができれば，建築物の構造はそのまま維持することができます。このような場合，解体を考慮した設計は効果を発揮したといえます。また，現実的な範囲内で組立建材やその一部を他の建築物でリユースできるようにするため，設計者は建築物全体の解体に対して DfD を考慮することができます[9]。資源保護，技術的な実行可能性，経済効率など，常に並べて考慮できるとは限らない個々の序列（ヒエラルキー）が存在します。

3.4.2 異なる耐用年数を有する建築物

　建築物にはそれぞれ，その機能や経済的なパラメータに基づく耐用年数があります。展示場として一時的な使用を意図した建築物は，コストを抑え，特定の用途に合わせて設計されます。住居としての建築物は，整備された住宅地など整合

表-3.4.1　類型学に基づく典型的な建築物の寿命[10]

分　類	設計耐用年数	例
一時的使用	10年まで	・一時的に建設された建築物，営業所 ・一時的な利用が目的の展示場
中　期	25年から40年	・一部の工業建築 ・駐車場
長　期	50年から90年	・住宅，商業建築，事務所 ・保健施設，教育施設 ・工業建築
半永久的	最低100年	・記念碑的な建築物（博物館，アートギャラリー，文書館） ・文化遺産的な建築物

性のある状況で建てられたとしても，その他の理由で解体撤去される場合があります。例えば，機能的なニーズを満たすために，これまでより大規模な構造が必要になった，あるいは単なる投資に基づいた理由により，「取り壊し」になるケースも少なくありません。

公共，あるいは記念碑的な建築物は，場所によっては経済的な圧力を受ける対象となる場合もありますが，価値の高い文化的要素を備え，解体や撤去を拒否する理由となる名声や地位の象徴となっていることもあります。しかし，システムや部材，材料の変更や交換に適応できる要素があれば，機能的にも経済的にもより良い運用が可能です。地域の経済的な動向など，外部の圧力を別にすれば，建築物にはそれぞれ利用や投資の基準に応じた耐用年数があるのです。

3.4.3 異なる耐用年数とコストを有する建築物の要素

LEED^{TM} など持続可能な建築物の設計の評価では，まだ一般的には使用されていませんが，建築物全体のライフサイクル分析（LCA）は，DfDを含む建築材料の設計選定をモデル化する手法の一つです。ライフサイクルコスト（LCC）のデータは，通常は標準的な部材に適用され，それらの有用性や技術的なライフサイクルはDfDを考慮する際の重要な情報源となります。こうした厳密な分析でなければ，住宅など特定の建築物のタイプに関するDfDの優先順位付けを行うような他のアプローチ法もあります。米国住宅調査（American Housing Survey）のデータを使用すると，住宅に関する平均的な変化を考察することができます。**表-3.4.2**に示すように，使用する特定の機能や個々の部材は，改装や改築を行うのに多額の予算が必要になります。経済的な観点から考えて，変更するたびにコストが発生する要素については，明らかにDfDを検討する価値があるでしょう。

住宅に関するもう一つの実用的な評価要素は，年間に実施される改装や改築プロジェクトの規模です。台所の改築の場合，プロジェクトごとに高い費用が発生しますが，床材の変更や張り替えは頻繁にプロジェクトを実施しなければなりません。興味深いことに，米国経済統計によると，使用済み床材業界は1997年から2002年の間に60％の売上高の伸びを記録しているそうです。一方，一般的な小売建材や使用済み製品業界の同時期の伸び率は29％に過ぎません[11]。業務用・住宅用のカーペットタイルシステムを開発した多くのカーペットメーカーの例からもわかるように，簡単に分解できる床仕上げ材システムの市場が確立されてい

表-3.4.2　住宅の補修，改築に要する平均費用[11]

プロジェクトの種類	平均費用/プロジェクト
台所の増築	$15 400
水回りの改装	$9 266
水回り以外の居室の改装または改築	$8 100
浴室の増築	$4 900
サイディング（増設または交換）	$4 100
屋根（増設または交換）	$2 900
その他の作業（増設または交換）	$2 900
ポーチ/デッキの増築	$2 500
暖房/換気/空調ダクト（増設または交換）	$2 500
ドアまたは窓（増設または交換）	$1 600
パネル/天井/床（増設または交換）	$1 500
断熱材（増設または交換）	$600
電気配線，フューズボックス（安全管理を含む増設または交換）	$550
内部配水管（増設または交換）	$500
配管設備（増設または交換）	$450
温水器（増設または交換）	$400

表-3.4.3　プロジェクトの種類と年間実施数の割合[11]

プロジェクトの種類	割合
内装床仕上げ	20.42%
電気/配管	11.84%
ドアと窓	10.21%
内壁の改装（配管工事を含む）	9.21%
暖房/換気/空調設備	8.56%
造作	8.31%
屋根	7.76%
室内の改装	7.06%
外部の増築	5.08%
内壁の中空化	3.50%
外壁の中空化	3.32%
外装サイディング	2.80%
内壁/天井仕上げ	1.94%

ることは確かです。

3.4.4 材料の寿命

DfDにおける基本的な決定要因は，建築物を構成する材料の技術的寿命，および耐用年数です。技術的寿命とは，人間や環境による応力，老朽化サイクルなど，「使用」という要因を考慮しない材料の寿命を指します。耐用年数とは，部材の使用条件を基にした推定寿命のことです。技術的寿命の方が長くなる可能性が高いですが，通常，「実際の」寿命を決定するのは耐用年数の方です。DfDの基本的コンセプトの一つに，寿命の長い部材や材料を寿命の短いものと分離することがあげられます。耐用年数が異なる個々のシステムの接合部に注目することにより，DfDは実用的で経済的に価値のある効果を与えることができます。補修と交換のサイクルの情報は，組立建材と部材の間で，寿命が大幅に異なる接合部分がどこなのかを特定するのに使用できます。**表-3.4.4**は，一般的な材料に関す

表-3.4.4 サンタモニカグリーンビルディングプログラムにおける代表的な建材の補修・交換サイクル

建材の種類	補修（年）	全面的な交換（年）
陸屋根用アスファルト防水膜	10	20
急勾配の屋根，複合セメント屋根板	20	50
急勾配の屋根，鋼板	通常必要なし	30
煉瓦の外装	25	75+
アクリル製のスタッコ（化粧しっくい）	20	?
内装用の石膏ボード	3〜10	25
内装用のコンクリートまたはブロック	10〜20	75+
金属製または樹脂製の窓	10〜20	40
外装用木製窓	10〜15	25〜50
内装用木製ドア	4〜8	15
金属製ドア	5〜15	25
テラゾー	0〜15	60+
セラミック製の床	10〜15	40+
合成樹脂タイル	8〜15	20
堅木張りの床	5〜10	40+
カーペット	3〜8	5〜15

る代表的な補修と交換のサイクルを示しています。これは，①材料の選定や，②接合部のディテールに関するDfDに焦点を当てるのに活用できます。

例として，外装用木製窓の交換サイクルは25年で，煉瓦の外装の場合は75年です。この2つの部材の間の接合部は，煉瓦部分に手を加えることなく簡単に窓の取り外しや交換ができるようにしておく必要があります。

3.4.5 材　料

リユースやリサイクルの基本レベルでは，リユースのための経済的な価値，有害性，耐久性，柔軟性や，リサイクルプロセスのための純度は，材料の化学的・物理的特性と投入される技能や製造の善し悪しによって定義されます。材料が構造的な整合性と組成を保つように設計されている場合，必ずしもリサイクルする必要がないとしても，リユースに適応します。コンクリート，アスファルトの舗装，モルタル，ペンキなど「湿式」材料の多くはリユースに向いていませんが，リサイクルすることは可能ですし，少なくとも，接合されているその他のリサイクル可能な材料の品質を低下させてはいけません。材料が個別の，または「乾式」の部材として設計されていない場合は，リサイクルプロセスに投入できるように製造すべきです。また，これらの特性は設計から施工へ伝達して使用すべきです。

3.4.6 接　合

接合のレベルで見ると，材料は構成成分にまで戻って考えるか，あるいは部材や組立材に埋め込んだままにしておくこともできます。接合部は現場での解体プロセスにおいて主となる要素で，アクセスしやすさ，解読しやすさ，作業に必要なツールや動作のシンプルさが求められます。接合の規模は，人間の手作業で対応可能かどうかや，輸送の経済性を決定する重要な要因です。サイズが大きく部材の数が少ない方が，接合部の数も建物を組み立てる労働力も少なくてすむのは当然ですが，さらに解体しなければリユースやリサイクルにおける部材の柔軟性が低くなります。接合部にアクセスしにくい場合や，接合の行程が理解しにくい場合は，接合を外す作業の効率が落ちたり，接合部の解体が不可能になったりします。

表-3.4.5　解体を考慮した接合法の選択肢 [9]

接合の種類	長　　所	短　　所
ネジ	取り外しやすい	穴，ネジ共にリユースが限定される コスト
ボルト	強い 何度もリユースできる	強く締めることができるので取り外しにくい コスト
釘	作業のスピード コスト	取り外しにくい 取り外すことによって要素の重要な部分（端部）が壊れやすい
摩擦接合	構成要素を取り外せる状態に保つことができる	比較的開発が遅れている接合法 構造的に弱い
モルタル	様々な強度に設定できる	粘土として以外，ほとんどリユースできない 指定以上の強さになると，接着した層から分離しにくくなる
接着剤	強く効率的 難しい接合部にも対応できる 様々な強度に設定できる	接着した層を分離させることは事実上不可能 リサイクルやリユースしにくい
リベット	作業のスピード	要素の重要な部分（端部）を壊さずに取り外すのは難しい

3.4.7 形状と構造

　グリッド式のポスト＆ビーム（柱・梁）工法や，外側に耐力要素を有するオープンスパン，構造を数ヵ所の点や面に統合したシンプルな形状など，DfDでは有効な形状を用意し，全体的に複雑さをなくす工夫をしています。露出した接合部や最低限に数を減らした間仕切り要素と組み合わせたポスト＆ビームシステムは，建物が解体可能であるということを目に見える形で示します。建設工程では機械を使用した作業が多く，パネルや大型の部材を使用できますが，機械作業をあまり使わない解体では，小型の部材を多く使った方がその工程に合うでしょう [12]。

表-3.4.6　解体に関連する主要な構造システム[9]

構造の種類	長　所	短　所
組積造	・各部材を小さく，簡単にリユースできるユニットに分けることができる ・一体構造であれば，塊をリサイクルできる ・設計がリユースに制約されない	・リユースするには柔らかい目地材が必要なので，強度が低下する ・補強筋が挿入され解体しにくくなることがある ・塊を分解するには重機が必要 ・外側に壁が配置されることで，長期間利用する場合に用途の選択肢が狭められることがある
軽量フレーム構造	・構造的に効率的で，様々なパターンの用途に対応できる ・適切なディテールにしておけば，リユース可能な要素に簡単に解体できる（現場打ちコンクリートを使わない，など） ・外装と断熱材を別の層に分離できる ・工場生産できる（現場打ちコンクリートを使わない）	・骨組みに適切な接合を施していない限り，解体しにくい ・切り欠き，穴，合成樹脂による接合はリユースの可能性を低くする ・解体が手作業で可能か，機械が必要かは，サイズや種類に依存する
パネル工法	・構造的に効率的 ・工場生産なので精度が高い ・部材はすべて造り付けにできるので，廃棄物の削減が可能	・解体に機械が必要 ・材料が一体化されているので，分解しにくい ・壁に筋かいが必要なので，内部空間の選択肢が限られる
ポスト＆ビーム（柱・梁）工法	・外装やその他のシステムと構造を分離するので，標準寸法や同種の材料を使用できる ・線材（柱・梁部材）を利用することで構造体の量を減らすことができる	・部材を少なくして大きくすると，解体に機械が必要になる ・構造と仕上げを一体化すると，機能性が低下するおそれがある

［出典］C.K. Choi Building, University of British Columbia image courtesy Bradly Guy

図-3.4.1　C.K. Choi ビルディング　ブリティッシュ・コロンビア大学（写真：Bradley Guy 氏提供）

参考文献

1) Toffel,Michael W. "End-of-life Product Recovery：Drivers, Prior Research, and Future Directions" discussion paper. Haas School of Business, University of California - Berkeley, 2002
2) Directive 2000/53/EC of the European Parliament, http://eur-lex.europa.eu/smartapi/cgi/sga_doc?smartapi!celexplus!prod!DocNumber&lg = en&type_doc = Directive&an_doc = 2000&nu_doc = 53, visited July 23, 2006
3) Wagner,L. Materials in the Economy：Materials Flow, Scarcity, and the Environment, US Geological Survey Circular 1221, US Department of the Interior, Denver CO：US Geological Survey Information Services, February, 2002
4) Franklin Associates, Characterization of Building-Related Construction and Demolition Debris in the United States, Washington, DC：US Environmental Protection Agency, EPA 530-R-98-010, June, 1998.
5) Nelson,A.C., "Toward a New Metropolis：The Opportunity to Rebuild America", Discussion paper prepared for The Brookings Institution Metropolitan Policy Program, December, 2004.
6) Echols,A. and Guy,B.：Survey of Attendees, Building Materials Reuse Association Conference, 2004, Oakland CA, September 1-3, 2004
7) Seagram Building, http://en.wikipedia.org/wiki/Seagram_Building, visited July 23, 2006
8) Athena Institute, 2004
9) The Scottish Ecological Design Association (SEDA) for extensive use of：Morgan,C.,and Stevenson,F., "Design and Detailing for Deconstruction - SEDA Design Guides for Scotland：

No. 1," Edinburgh, Scotland：Scottish Ecological Design Association(SEDA), 2005
10) Durability Implications, http：//www.canadianarchitect.com/asf/enclosure_durability/durability_implications/durability_implications.htm, visited July 23, 2006
11) U.S. Census Bureau, American Housing Survey for the United States：2003, Washington, DC：US Government Printing Office, September, 2004
12) Webster,M., Designing Structural Systems for Deconstruction, http：//www.ecobuildnetwork.org/pdfs/Design_for_Deconstruction.pdf, visited July 29, 2006

第4章 循環型構造のための応力伝達システム

4.1 循環型とするには──凌震構造の原理──

4.1.1 現在の建築構造工学の体系と新たな自由度の付与

 「地球環境に優しい建築構造」のうち,「循環型の建築構造」を実現するには,これまで発展してきた多くの建築構造システムを成立させている前提条件の一つを「規制緩和」する必要があります。

 一般に,何か新しいスキーム(枠組み)を構築しようとするとき,従来のシステムに何か新たな自由度を与えなければ,困難であることが多いといわれています。「循環型の建築構造」も今,新しいスキームとして求められているわけですから,これを可能にする自由度が与えられなければなりません。

 その「自由度を与える必要のある前提条件」は,現在の建築構造工学の体系において主流となっている「接着(Bond)による応力伝達機構」です。

 現在の日本において,代表的な建築構造システムには,木構造,鋼構造,鉄筋コンクリート構造などがあります。このうち木構造では釘とともに接着剤が多用されています。鋼構造ではボルト接合も用いられますが,溶接も多く用いられています。また,鉄筋コンクリート構造では鉄筋とコンクリートを確実に付着させていることが,構造計算の前提となっています。つまり,現在の建築構造工学の体系において「接着による応力伝達機構」は主流であり,多くの建築構造システムにおいて,接着し一体化していることが構造計算・構造解析・構造設計の前提条件になっています。

 しかし,「接着」を多用して構築された構造体で「循環型の建築構造」を目指すのは困難を極めます。まず,接着された建築材料同士を分離させるには大きな力が必要です。接着を行った部分に力を加えたとき,接着面以外のところで破壊が生

第4章 循環型構造のための応力伝達システム

図-4.1.1　鉄筋コンクリート構造建築物の解体

じるように設計することも珍しくありませんので，接着された建築材料同士を分離させようとすると，その材料のほうが先に壊れたり，変形したりすることがよくあります。したがって，こうして分離した材料をリユースすることはほとんど不可能です。

　溶接された鋼構造の解体は，ガスバーナーで切断して行われます。したがって材料のリユースは不可能です。ただ，もう一度溶かしてリサイクルすることは可能です。

　鉄筋コンクリート構造の解体は叩き壊すしかありません。このような壊し方はミンチ解体と呼ばれます。鉄筋とコンクリート塊を無理やり引き剥がして分別解体している光景が町なかでもよく見られます。ミンチ解体は騒音も出るし，粉塵も出るし，大きな建物の場合は時間もかかります。そして耐力を失った構造体を壊すわけではないので，壊すのに大きなエネルギーを費やします。一生懸命に強い構造体をつくり，必要がなくなったら大きなエネルギーをかけて壊すというこのサイクルには多くの人が無駄を感じるでしょう。

　このようなことから，建築における材料のリユースを可能にし，「循環型の建築構造」を実現するために，建築構造の立場から自由度を与える条件として「異種の材料を接着しない構造」を提案します。本書ではタイトルにもある「凌震構造（りょうしんこうぞう）」

という構造システムをこのあと提案しますが,「異種の材料を接着しない構造」は凌震構造を定義する条件の一つであり,「凌震構造の原理」ともいえます。

4.2 循環型の建築構造とDfD

4.2.1 応力伝達システムと循環性

第3章で紹介したDesign for Disassemblyのガイドの中で,Bradley Guyは建築の材料や工法について主に以下の指摘をしています。

- DfDは建築物にも適用可能だが,建築物は湿式工法によるものが多く,それらは解体が困難でリユースに向いていない。
- 建築物の解体や材料のリユース・リサイクルが難しい理由には,合成・人工製品の使用の増加,空気圧による釘やステープルの打込みや接着剤の使用などがある。

また,彼は3.4.6項において,「接合部は現場での解体プロセスにおいて主となる要素」としており,接合の種類ごとにDfDの観点から長所と短所を示しています。その中で,モルタルや接着剤はリユースしにくいことが,釘やリベットは取り外すことで材の重要な部分が壊れてしまうことが,それぞれ短所に挙げられています。一方,ボルトは何度もリユースできることが,摩擦接合は材を取り外せる状態に保てることが長所としてあげられています。

彼の「接着剤やモルタルを用いた接合」に関する見解は,4.1節に述べた見解と一致しており,「循環型の建築構造」を実現するための「異種の材料は接着しない」という条件は海外でも広く理解されるものといえるでしょう。

4.2.2 建築構造システムと循環性

Bradley Guyは第3章の中で,DfDに適する建築構造システムとして,「単純なオープンスパンの構造,シンプルな形状,標準化した寸法グリッドの使用」や「接合部にアクセスしやすい設計」などを推奨しています。

また,彼は3.4.7項において,DfDの観点から主要な構造システムの長所と短所を示しています。そこでは「ポスト&ビーム(柱・梁)工法」が推奨されていますが,これは「スケルトン・インフィル」を実現して室内空間利用のフレキシビリ

ティを向上させることがDfDの一部であるという考え方に基づいているようです。

その他，組積造は「各部材をリユース可能なユニットに分けることができ，ユニットが小さいので設計の自由度が損なわれないが，強度の高い目地材や鉄筋の挿入は解体を困難にする」，軽量フレーム構造は「適切なディテールにしておけば，リユース可能な要素に解体できる」，パネル工法は「工場生産なので精度が高く，廃棄物を減らせるが，解体には機械が必要で，部材をその構成材料にまで分解するのは困難」，とそれぞれ考察されています。

アメリカでも西海岸を中心に地震が発生しますが，一般的には日本に比べて地震は建築物を設計する際にあまり考慮されていません。日本でDfDに適する循環型の建築構造システムを考える場合は，Bradley Guyの考察に，地震に対する配慮を加えたものになるでしょう。

4.3 要素非接着型構造と建築構造力学

4.3.1 建築構造力学と要素非接着型構造の設計

建築構造力学は，ニュートン力学を基本として，機械などの分野でも広く活用されている弾性力学（弾性体の力学）に，建築で用いられる部材のスケールや形状，材料の特性などを考慮しながら，情報の付加と工学的に無視できる内容の整理などを行いつつ，構成され発展してきた力学であり，その蓄積は一朝一夕によるものではありません。

これまで，建築構造工学の体系が接着や一体化による応力伝達を前提としていたのは，建築構造力学が連続な弾性体の力学に立脚しているからで，建築構造力学に基づいた計算結果が実際の構造物に生じている応力や変形の状態と大きく異ならないことを保障するための措置といえます。しかし，時は流れ，計算技術も大いに進歩しつつあります。今，時代の要請として求められている「循環型の建築構造」を実現するには，「接着によらない応力伝達機構」が選択できるように体系を整備しなければなりません。

これまでも，各種の構造において構造設計を行うときに，いくつかの仮定が行われてきました。「平面保持の仮定」はその代表的なものです。「循環型の建築構

造」,すなわち「要素非接着型の構造」の設計を行うときも,実際の構造体の挙動を実験などによって十分把握し,それを表現するために適切な仮定を行えば,これまでの膨大な蓄積をもつ建築構造力学を可能な範囲で利用しながら構造設計を行うことは十分可能と考えられます。

 次の章では,これまでに日本で行われてきた「循環型の建築構造システム」の実現につながる取り組みについて,いくつかの事例を紹介していきます。筆者らが開発した構造システムについては,その構造計算を行うときの仮定についても考えてみます。

第5章 循環型の建築構造システム

5.1 地球環境負荷の低減に向けた建築構造分野での取り組み

5.1.1 はじめに

　この章では，これまでに日本で行われてきた「循環型の建築構造システム」の実現につながる取り組みについて，いくつかの事例を紹介していきます。これらの中には，建築構造技術の新たな開発には主眼が置かれていないものや，本来「循環型の建築構造システム」の実現を意図して開発されたものではない建築構造技術も含まれていますが，参考になる事例と思われますので順に見ていきましょう。

5.1.2 完全リサイクルコンクリート

　まず建築材料分野でのリサイクルに関する取り組みを見ていきます。本書はリユースに主眼を置いていますので，これらは簡単な紹介にとどめます。

　友澤史紀（東京大学教授：当時）らは1990年代を中心に「完全リサイクルコンクリート」の研究を行っています[1]。「完全リサイクルコンクリート」とは，「セメント，およびセメント原料からなる物質のみが，コンクリートの結合材，混合材および骨材として用いられ，硬化後，再度全量がセメント原料および再生骨材として使用可能であるような何回でもリサイクルが可能なコンクリート」と定義されています。セメントは石灰岩を主な原料としてつくられます。一般的なコンクリートには砂や砂利が用いられる骨材についても，この研究では石灰岩からつくったものを用意し，この骨材に水とセメントを混ぜてコンクリートをつくろうというものです。そのようにしてコンクリートをつくると成分のほとんどすべて

が石灰石からなるコンクリートができます。それは一度製造し，運用が終わったら，粉砕すればまたセメントの原料にも骨材の原料にもなります。このようにして何回でもリサイクル可能なコンクリートということで，この「完全リサイクルコンクリート」が提案されています。

　第4章で提案した「循環型の建築構造」を実現するための「異種の材料は接着しない」という条件は，裏を返せば「同種の材料は接着してもよい」とも解釈できます。同様のことはBradley Guyが3.2.3項で「複合材料の使用を避け，分離できない製品をつくる場合は，リサイクルを考えて同じ原料を使用する」と提案しています。「完全リサイクルコンクリート」はこれらを具現化するもので，非常に興味深い研究です。

5.1.3 石炭灰の大量有効利用

　建築材料の分野では，コンクリート用の混和材として種々の産業副産物を使用する研究が盛んに行われています。銑鉄を製造する高炉で副産物として発生し回収される「高炉スラグ」[2]，フェロシリコンや金属シリコンの製造炉で副産物として発生し回収される「シリカフューム」[3]，石炭火力発電所で石炭を燃焼させたときに発生し回収される「フライアッシュ」[4]などがコンクリート用の混和材として有効利用されています。中でもフライアッシュ（石炭灰）は，石炭火力発電が現在でも多用されていることから，その大量有効利用法の確立が急務となっています。石炭を燃料として用いる火力発電所は海に面した沿岸部に建設されることが多く，石炭を燃焼させたときに発生する石炭灰の有効利用されなかった分を火力発電所の周囲に埋め立てていきます。火力発電所の周囲に広大な埋め立て地を目にするのはそのためです。その火力発電所は周囲の確保している土地を埋め立て尽くしてしまうと，灰の処理ができなくなることから，実質的に発電所の寿命が尽きるといわれています。したがって，新たな発電所を建設せずに，今ある発電所の持続的な運営を行っていくには，石炭灰の大量有効利用法の確立が不可欠です。

　松藤泰典（前掲）らは，1990年代後半より，石炭灰をスラリー化して安定化処理し，コンクリートに外割で大量に混合する研究を行っています[5]。石炭灰は石炭を燃焼させたときに生じる副産物で，その性質はもとの石炭によって決まります。石炭灰をつくるために石炭を燃焼させているわけではないので，その性質は大きくばらつきます。その性質を安定化するために，スラリー化して，未燃カー

図-5.1.1　石炭灰スラリーの安定化処理プラント

ボンの除去，遊離 CaO の炭酸化，マグネタイトの回収などを行っていきます。スラリー化するとコンクリートへ大量に混合するときにも練混ぜやすくなります。外割というのはこの研究で提案されているコンクリートの調合方法(セメント，水，砂，砂利，その他の材料を混ぜ合わせる割合を決める方法)で，フライアッシュ(石炭灰)をコンクリートの成分である砂や砂利と置き換える調合方法のことです。外割調合を行うことによって石炭灰の大量混合が可能になります。

　スラリー化した石炭灰を混合したコンクリートは収縮が小さく，養生が不要で，強度の発現もよく，中性化やアルカリシリカ反応の抑制効果もあるため，多方面での活用が期待されています。

5.1.4　建築構造分野でのリサイクル・リデュース

　建築構造の分野では，主要な構造形式である鉄筋コンクリート構造が鉄筋とコンクリートの付着を前提とした構造であること，また同じく主要な構造形式である鋼構造も柱梁接合部の多くは溶接によることや，部材は鉄骨のファブリケーター(部材加工業者)が各物件に合わせて加工していることなどから，建物を解体した後，自由に設計した別の建物に部材をリユースすることは現状では困難で

す。地球環境負荷の低減に向けた取り組みとしては，鋼構造の部材をスクラップにして電炉に戻すリサイクルや，CFT構造（コンクリート充填鋼管構造）などにより部材を高強度化することで断面を小さくし，材料の使用量を減らしたり，耐久性の高い建築物を建てたり，既存の建物の改修や補強を行って建物の寿命を延ばしたりすることによるリデュースが行われています。2000年に飛島建設が埼玉県浦和市で鉄筋コンクリート構造の元社宅・寮を分別解体し，リサイクル率92％を達成した[6]という報告がありますが，これは1.2節で述べた建設リサイクル法の施行に先駆けた取り組みといえるでしょう。この事例においても，解体におけるコンクリート塊と鉄筋の分離は，バックホーの先端にニブラーというアタッチメントを付けて，従来型の重機作業により行われています。

5.1.5 パーフェクト・リサイクル・ハウスの取り組み

尾島俊雄（早稲田大学教授：当時）らによるパーフェクト・リサイクル・ハウス（PRH）に関する研究は，1997年度から2001年度にかけて，鋼構造（S-PRH）と木造（W-PRH）の完全リサイクル型住宅の建築・解体・再築を行い，資源循環につい

図-5.1.2　S-PRH（左）とW-PRH（右）[7]　（写真：早稲田大学尾島研究室提供）

て検証を行ったものです[7]。S-PRH は柱梁接合部を工場溶接した重量鉄骨造で免震構造となっており、基礎のコンクリートには 5.1.2 項で述べた完全リサイクルコンクリートが利用されています。外装材にはガラスが用いられ、室内の南側にはダブルスキンによるパッシブシステムが採用されています。W-PRH は接合部に金物を可能な限り使用せず、楔や栓で固定する伝統的な継手・仕口を用いた貫構造です。S-PRH は北九州に、W-PRH は富山に建設されました。どちらの PRH も再築時に各部材はリユースされていますが、同じ建物の再築であるため、異なる計画への部材リユースの自由度は検証されていません。

5.1.6 溶接を用いない鋼構造の構法

株式会社フジタは、鋼構造の内部フレームの架構構成に直交方向の梁を二段重ねとする積層化方式を採用し、部材同士の接合に溶接を用いずボルト接合とする「ノンウェルディング積層構法」を実用化して、大型のショッピングセンターに適用しています[8]。架構は H 形鋼や溝形鋼の組み合わせでできており、H 形鋼の柱に 2 本の溝形鋼を抱き合わせるようにボルト接合して大梁がつくられています。しかも X 方向と Y 方向の大梁は重ねて接合され、柱梁接合部に溶接によるダイ

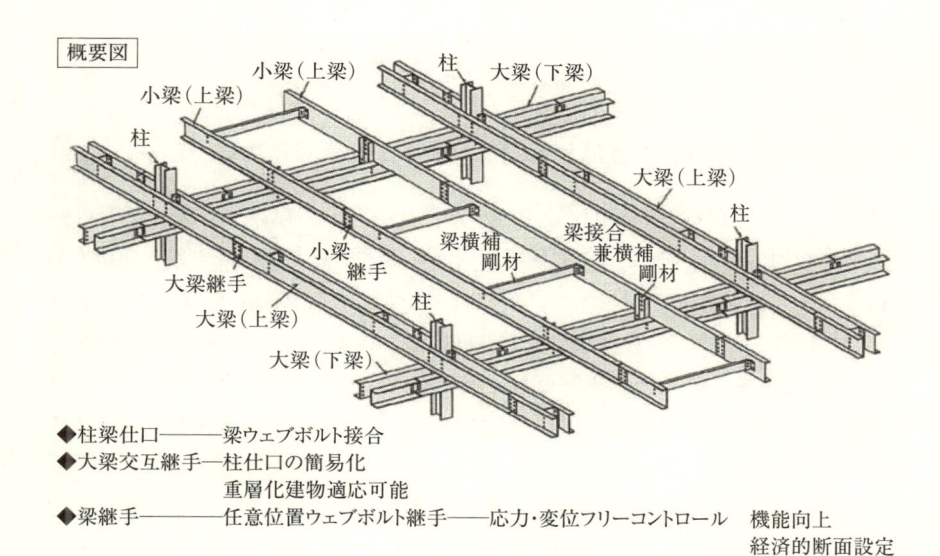

概要図

◆柱梁仕口————梁ウェブボルト接合
◆大梁交互継手——柱仕口の簡易化
　　　　　　　　重層化建物適応可能
◆梁継手————任意位置ウェブボルト継手————応力・変位フリーコントロール　機能向上
　　　　　　　　　　　　　　　　　　　　　　　　　　　　　　　　　　　　　経済的断面設定

図-5.1.3 ノンウェルディング積層構法[8]（画像：株式会社フジタ提供）

ヤフラムは作製されません。この構法は生産性やコスト効果に主眼が置かれたものですが、鋼構造のリユースにも対応可能な構法と考えられます。

5.1.7 鉄骨系住宅のユニット工法

鉄骨系住宅ユニットのリユースが可能な工法として、積水化学工業の「セキスイハイム」と呼ばれる商品があります。「セキスイハイム」のユニット工法は、住宅の約70～80％を工場で生産して、建築地にユニット単位で輸送し、現場でユニット同士を組み合わせて1日で雨仕舞まで完了させる工法です。「セキスイハイム」は20年以上前から住宅展示場のモデルハウスの移築物件を低価格で抽選販売する活動が行われており、新聞広告などでご存じの方も多いと思います。

同社では「セキスイハイム」の再築が事業として取り組まれています[9]。現段階では、再築に利用されるユニットの引き取りは次も同社の住宅に建て替えるという顧客に限られており、再築も原則として同じ間取りや外観の住宅が再生されるという取り組みですが、原理的にはユニットの組み替えも可能ですので、条件が整備されれば建築物のサイズや平面計画など、リユース時の自由度もある程度確保されるといえるでしょう。現在は、需要と供給の量的なバランスやタイミング、選択肢の広さなどの点に課題がありますが、日本国内で大がかりに行われている住宅のリユースの取り組みはあまりありませんので、興味深い取り組みであるといえます。

5.1.8 博覧会におけるパビリオンのリユース

博覧会における仮設建築物（パビリオン）のリユースの試みとして、2001年に開催された山口きらら博では、会期終了後、希望者に対して施設の無料譲渡が行われました[10]。物件は無償ですが、事務経費相当分として1m^{2}あたり1 500円が必要で、解体、運搬等の費用は利用者の負担とされました。募集棟数117棟のうち約半分の58棟がその後建築物として再利用されています。パビリオンのうち日本設計の設計による「単独館」は、梁間25 m、幅5 mの吊り構造のユニットが連続する構造となっており[11]、そのユニットの梁間は変更できませんが、つなぐユニットの数を変えることにより、自由な大きさの建物にして再利用できるように設計されたものです。つまり、全体のスペースは必要ないが1/3だけ欲しい、というような場合に分けて渡すことができる構造体になっています。分割し

てリユースできるということまで考えてつくられている建物で，おもしろい事例といえます。

5.1.9 プレハブ建築とリユース

　プレハブとはプレファブリケーション（prefabrication）のことで，前もって工場で加工や組立を行うという意味です。プレハブ工法による建築物には，戸建て住宅や集合住宅，事務所，工場，倉庫，店舗，仮設建築物などがあります[12]。平成18年度に着工されたプレハブ工法による住宅は集合住宅を含めて約16万戸で，同年度の住宅総着工数129万戸の約1/8を占めています[13]。プレハブ住宅は構造部材の種類などによって，木材のパネルなどを主要構造部材とする木質系，鉄骨を主要構造部材とする鉄鋼系，鉄骨や木材をフレームとする箱（ユニット）を建設現場で連結するユニット系，工場で生産されるコンクリートパネル（PC板）などを主要構造部材とするコンクリート系に分類されます。5.1.7項で述べた鉄骨系住宅もプレハブ建築です。また，プレハブの仮設建築物には工事現場事務所や，災害時の被災者用応急仮設住宅なども含まれます。

　プレハブ住宅で取り組まれている環境への配慮には，エネルギー効率の高い設備機器の導入や断熱気密化による省エネルギー，建設廃棄物の再利用率（リサイクル率）向上と排出量の削減，有害化学物質の使用量と排出物の削減などが挙げられています[14]。

　供用期間が比較的短いプレハブ建築ではリユースについても取り組まれているようです。例えば，マンションの棟外モデルルーム，アンテナショップ，全国展開のコンビニエンスストアや飲食店舗などがこれに該当します。

　マンションのモデルルームは分譲マンションの販売促進のために，完成に先立ってマンションの敷地内や現地近くに建てられる建築物で，主に室内の間取りや設備・仕様を見せることを目的として，実際に販売する住戸の中から1～2タイプを選んで建てられます。モデルルーム建築の供用期間は半年から1年で，非常に短いですが，1棟の分譲マンションに1棟のモデルルーム建築は通常建てられているようですので，全国で毎年建てられている棟数はかなり多いと考えられ，とくに構造部材などはリユースすべき対象といえるでしょう。近年ではこのモデルルーム建設を中心とする一連の業務を「モデルルーム事業」として専門に行う業者も現れてきています[15, 16]。また，プレハブ建築のリース業者でモデルルー

ム建築を手がけているところもあるようです[17),18)]。

アンテナショップは，広辞苑に「消費動向や商品の売れ行きなどの情報を収集するため，製造業者や流通業者が設置する直販店」と説明されています。その性質から供用期間が短い場合も多く，大和リースではこれらに向けて，移設のできる「ユニットハウス店舗システム」を提案しています[19)]。

全国に展開されているコンビニエンスストアや飲食店舗など，出退店の回転のスピードが速いために，使用可能な状態であるにもかかわらず，使われなくなった建物が短期間で廃棄処分になることを避け，資源を有効活用するために，大和ハウス工業では「リ・ストア&リ・ビルドシステム」[20)]を，富士電機リテイルシステムズではユニット型店舗商品「エコロユニット」[21)]をそれぞれ開発し，提案しています。

5.1.10 鋼構造のリユースマネジメントモデル

岩田衛（神奈川大学教授）らは，情報技術を利用した建築鋼構造のリユースマネジメントモデルの提案を行っています[22)]。鋼材は現場溶接を行わなければ，リサイクルだけでなくリユースも可能で，そのためには社会にリユース材を流通させるような仕組みを構築しなければならないという提案です。岩田らは，一般鉄骨構造を対象としたリユースを推進するにあたっては，一品受注生産である建設業全体を横断的に眺め，インターネットによる情報技術を駆使することが不可欠で，建築鋼構造のリユース材の質と量を確保し，必要な場所と時間に所定の品質のリユース材を迅速に供給するための情報ネットワークが必要，としています。5.1.7項で述べた鉄骨系住宅ユニットのリユースに関する取り組みを，ユニットに限らず柱や梁などの構造部材全般にわたるものとして，また1社に限らず，社会全体の仕組みとして構築していこうとするもので，大変興味深い研究です。5.1.9項で述べた鉄鋼系のプレハブ建築も基本的にはリユースに向く工法によるので，会社の垣根を越えて部材形状の規格化などが行われれば，このリユースマネジメントモデルの実現に大きく寄与することになるでしょう。

5.1.11 ストローベイルハウス（リターンの取り組み）

これまで「循環型」の中でも「リサイクル」や「リユース」の取り組みを見てきましたが，1つ「リターン」の取り組みを紹介します。「ストローベイルハウス」と呼ば

れるもので，藁でつくったブロックを積み重ねて建物の外壁をつくるというものです[23]。ストローベイルハウスは19世紀末からアメリカでつくられており，近年日本でも建てられ始めたようです。ストローベイルとは藁のブロックのことです。これをレンガのように積み重ね，積み上げたベイルを細いひもで縫い合わせて壁をつくり，その表面に漆喰などを塗って仕上げます。この壁の施工はセルフビルドが可能なようです。小屋組や内装には一般に木材が使われるようです。建築に使用する材料がほとんど自然素材であるため，建物の寿命が尽きても土に戻せます。このような意味から「リターン」に寄与するといえるでしょう。Bradley Guyも3.1.3項で「DfDには，完全に生物分解可能な「天然」材料を使用することも含まれる」と述べています。

壁の厚さが45〜60cmにもなるため，都会で土地の値段が高く，壁の厚さを薄くして室内の面積をできるだけ広く確保したいような場合は敬遠されるかもしれませんが，田舎で藁が手に入りやすいところなら，焼却処分される藁の有効利用にも，木材使用量の削減にも繋がると思われます。

5.2 SRB-DUP構造（摩擦抵抗型乾式組積構造）

5.2.1 日本にも長寿命の住宅を

この節では，松藤（前掲）と山口（本書の著者）らが循環型の建築構造を目指して開発したSRB-DUP構造（摩擦抵抗型乾式組積構造）について紹介していきます。

まず，開発の動機についてですが，これは本シリーズの1冊「100年住宅への選択」のまえがきでも紹介されている内容ですので簡単に触れます。

その国の総住宅戸数を年間新築住宅戸数で除して得られる数値は，同じ速さで住宅を新築し続ければ，その数値が示す年数で住宅がすべて建て替わるだけ建設されるといえるので，その時点での平均的な「住宅の建て替え年数」の目安になります。この方法で算出した世界各国の「住宅の建て替え年数」は，イギリス141年（1991年度），オーストラリア106年（2000年度），アメリカ103年（1991年度），フランス86年（1990年度），ドイツ79年（1987年度），日本30年（1993年度）となります[24]（括弧内は調査年度）。これらの値は調査した年のその国の経済状況など

によって影響を受けますが，それにしても30年というのは欧米諸国の1/2～1/3以下で，非常に短い値といえるでしょう。

欧米諸国には何か住宅を長持ちさせる秘訣があるのではないか，日本にも長寿命の住宅を，というのがこれから説明する建築構造システムの開発を目指した動機の一つです。とくに注目したのはオーストラリアで，住宅の寿命は100年を超える数値が算出されている上に，特徴的な建築構法が見つかりました。

5.2.2 提案する組積造のベースモデル

オーストラリアで比較的多く建てられている建物の構造形式に，組積造，すなわち煉瓦造があります。それは，イギリス積み，オランダ積み，フランス積みなどの，壁厚が分厚く(煉瓦1枚半～2枚分に)なるような伝統的な積み方[25]ではなく，オーストラリアで発展した積み方[26]によるものです。それは，木造の2×4(ツーバイフォー)工法などで建物の内部構造をつくり，その外周に煉瓦を長手積み(1枚積み)で鎧のように一回り廻らせるというものです。この工法はブリックベニヤ工法と呼ばれています。ベニヤというのはベニヤ板が使われているという意味ではなく，「単板」という意味です。ですから煉瓦の単板で一周囲まれている，というような意味になります。この工法による場合，屋根(小屋組)や上の階を支えているのは2×4などの木造の部分になります。

それから，室内の壁なども基本的に煉瓦でつくるような工法もあるようで，それはフルブリック工法，あるいはダブルブリック工法と呼ばれています。こちらの外周壁部分は長手積み(1枚積み)にした煉瓦の二重壁になります。また，この工法による場合，屋根(小屋組)や上の階を支えているのは二重壁の内壁や室内の間仕切り壁などの煉瓦壁になります。

ブリックベニヤ工法とフルブリック工法に共通する特徴は，どちらの壁も内部に中空層を有する，ということです。中空層はキャビティ(cavity)と呼ばれます。ここで空気を循環させたり，換気をしたりすることができます。このような工法は「中空壁(cavity wall)工法」と呼ばれています。

本研究ではこのブリックベニヤ工法やフルブリック工法をベースモデルとしています。これらの工法は煉瓦造の中でも比較的壁厚が薄く，狭い土地で室内の面積をできるだけ広く確保したい日本にも向きます。また，中空壁工法による通気層が熱や湿気の対策によい効果をもたらします。

図-5.2.1　ブリックベニヤ工法(上)とダブルブリック工法(下)

　なお，本研究ではブリックベニヤ工法を採用する場合でも，屋根(小屋組)や上の階を支えることができるように開発を行いました。

5.2.3 耐震性と日本の気候風土への適応性

　我が国における組積造は，建築基準法施行令第51条において，煉瓦造，石造，コンクリートブロック造などが構造細則(仕様規定)の適用を受ける構造形式とされています。補強コンクリートブロック造は別の構造細則(建築基準法施行令第62条の2〜第62条の8)の適用を受ける構造形式として区別されており，法律上は補強組積造を除く，煉瓦や石などの組積材をモルタルで積み上げたものが組積造と定義されています。

　このうち煉瓦造は，江戸時代末から国産の焼成煉瓦が製造され始めたのを受け，明治から大正期まで官公庁建築や商社，邸宅建築などの構造形式に採用さ

れ，横浜，神戸，長崎など外国人居留地や貿易港を中心に全国各地に建てられています[25]。煉瓦はその耐火性，堅牢性，耐久性などから，新時代を象徴する建築材料として，また建築の不燃化を目的として使用されました。

しかし，煉瓦造建築は明治から大正にかけて起こった大地震によって壊滅的な打撃を受けました[27]。1891（明治24）年10月28日に発生した濃尾地震（マグニチュード8.0，死者7273名，全壊建物14万棟）では，名古屋をはじめとする都市部において，名古屋郵便電信局など文明開化の象徴ともいえる洋式の煉瓦建造物の被害が目立ちました[32]。名古屋郵便電信局は工部大学校造家学科（現在の東京大学工学部建築学科）第1回卒業生の佐立七次郎が設計し，1887（明治20）年に新築されたばかりの赤煉瓦を用いた2階建の本格的様式建築でしたが，地震で大破（宿直など3名死亡）し，竣工後わずか4年で取り壊されました[33]。1923（大正12）年9月1日に発生した関東大震災（マグニチュード7.9，死者・行方不明14万2800名，全壊建物12万8000棟，全焼建物44万7000棟）は震度が大きかったことに加えて，東京，横浜をはじめとする都市部において地震後に発生した火災のために被害が著しく大きくなりました[30]。この関東大震災により，横浜，東京などにあった煉瓦造建築物はかなりの被害を受け，煉瓦造は耐震上脆弱とされてきた理論をこの地震災害が裏付ける結果となりました。これを契機として，我が国における構造材料としての煉瓦の使用は大幅に制限され，現在に至っています。

また，医学博士で作家の森 林太郎（森 鴎外）は1894年，「造家衛生に最も重要なことは太陽光線を採り入れることと空気の流通を確保することである」と述べた上で，「衛生を論ずる人がしばしば煉瓦造や石造の西洋家屋をつくることを勧めるが，衛生の点では日本家屋はそれほど悪くはない」という主旨の講演を行っています[31]。このような主張は，現在でも我が国に根強く存在する「煉瓦造住宅は我が国の気候風土に適さないのではないか」という危惧の念に通じていると思われます。

現在の建築基準法施行令の構造細則（仕様規定）において，組積造の建築物は高さ13m以下かつ軒の高さが9m以下の小規模なものであっても，壁の厚さは20〜40cm以上で，各階の壁頂には鉄骨造または鉄筋コンクリート造の臥梁が必要とされ，開口のサイズ制限も厳しく，幅が1mをこえる開口の上部には鉄筋コンクリート造のまぐさが必要とされています[32]。過去の地震被害から考えるとやむを得ない規定とも思えますが，この規定を守った上で価格的に競争力のある組

積造を考案することは困難であり，煉瓦造はしだいに建築されなくなりました。近年では新築されることはごくまれですが，煉瓦の持つ耐久性やその特有の美しさ，素材感は依然として高く評価されており，非構造材として主に内外装に利用されています[25]。

新しい組積造を開発していく上で，この「耐震性」と「日本の気候風土への適応性」を2つの大きなテーマとして取り組みました。

5.2.4 撓曲石英片岩 Itacolumite とその結晶構造のアナロジー

新しい構造を開発するときにヒントにしたのは，イタコルマイト（Itacolumite）と呼ばれる岩石の結晶構造です。イタコルマイトは，ブラジル，アメリカ，インドなどで産出される撓曲石英片岩で，Flexible Sandstone とも呼ばれます。日本では蒟蒻石と呼ばれるようです。薄く切り出したイタコルマイト片は**図-5.2.2**のように石でありながら大きく撓みます。**図-5.2.2**は九州大学の標本を撮影したものです。実際に触るとやはり石だなという感じで，手触りは砂消しゴムのようにザラザラしているのですが，弾力はなくてパタパタと両側に振れる感じです。

イタコルマイトの組成は大部分が石英ですが，その組織に特徴があります。粒子が凹凸の多い不規則な形をしていて，粒子と粒子の間に数μm（マイクロメートル）の隙間が存在します。これは粒子間の接着剤の役割を果たしていた成分が雨などの侵食によって流れ落ちてしまい，その結果，粒子の部分が噛み合っただけの状態になったと考えられています。このため，イタコルマイトは石でありな

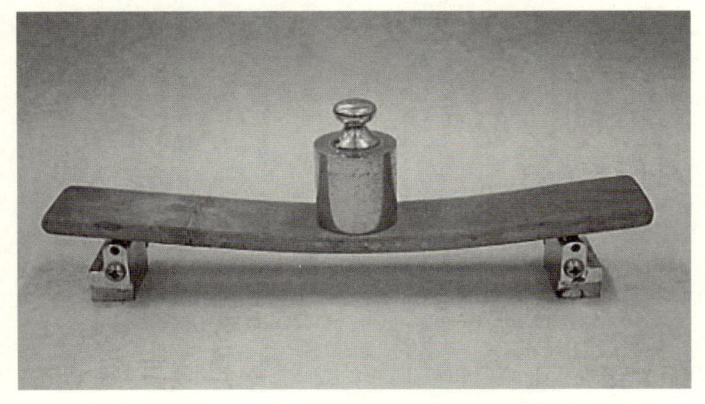

図-5.2.2　イタコルマイトの弱軸曲げ

がら大きく曲がるのです。

断面が 12 mm × 31.2 mm のイタコルマイト試験片の2点曲げ載荷試験による曲げ強度は約 2.0 MPa(メガパスカル)で、スパンに対するたわみは強軸方向で約 1.8％、弱軸方向では約 3.4％に達します[33]。

図-5.2.3 はイタコルマイトの結晶構造をジグソーパズルに置き換えて、模式的に示したものです。何も力を加えず両端を支えただけでもたわみが発生する性質を「元たわみ」というのですが、イタコルマイトにはその元たわみも発生しますし、支えた両端の中央に力を加えていくと、徐々に粒子間の目が詰まっていくことによって、しだいに粒子の変形しにくさ(剛性)が現れ、かたくなっていきます。ですから、初期は剛性が低く、力をかけるにつれて剛性が高くなっていくという「ゴム弾性」と呼ばれる性質をイタコルマイトは示します。

イタコルマイトは自然が生んだ産物なのですが、このような性質を何か建築材料を使って再現できないかと考え、イタコルマイトの結晶構造から類推(アナロジー)を行うことで発案したのが SRB-DUP 構造(Steel Reinforced Brick structure based on Distributed Unbond Prestress theory)という新しい構造体です[34]。

この SRB-DUP 構造体は、煉瓦をボルトとプレートで縦横に補強しながら積み上げていくものです。イタコルマイトに発生する元たわみは、ボルトを締め付けて摩擦抵抗を与えることで発生を抑えます。また、構造材は生じる応力が小さい

粒子間の間隙閉鎖→元たわみ発生

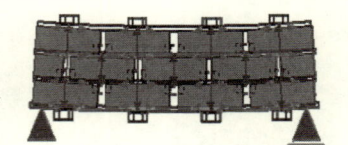

プレストレスによる摩擦抵抗
　→初期剛性確保

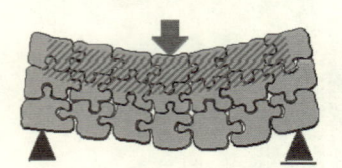

外力の増加→石英の剛性卓越
　…ゴム弾性を示す

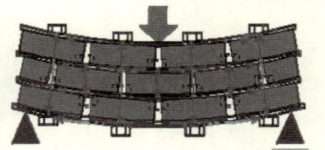

外力の増加→補強格子で抵抗
　…変形能力大

(a) イタコルマイト組織の概念図　　(b) SRB-DUP梁部材

図-5.2.3　イタコルマイト組織のアナロジーによる SRB-DUP 梁部材

5.2 SRB-DUP構造(摩擦抵抗型乾式組積構造)

ときには高い剛性を発揮し，徐々に剛性が低くなっていく「ひずみ軟化」の性質を示す方が望ましいわけですが，SRB-DUP構造体はイタコルマイトが示す「ゴム弾性」ではなく，「ひずみ軟化」の性質を示します。さらに，イタコルマイトが有する「石であるのに変形能力が非常に大きい」という性質も，煉瓦，ボルト，プレートを互いに接着していないので再現できるかもしれない，という期待ができます。

5.2.5 SRB-DUP構造体の概要

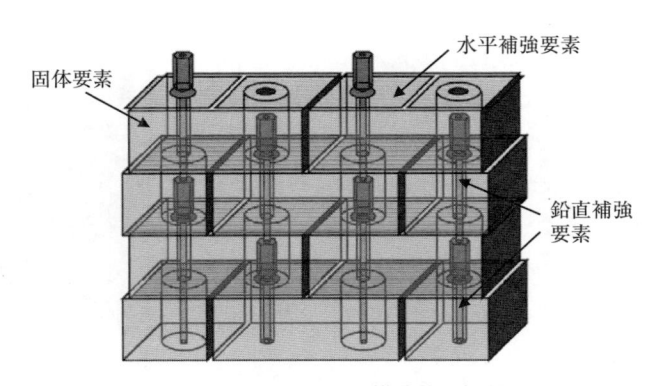

図-5.2.4はSRB-DUP構造体の概要を模式的に示したものです。SRB-DUP構造はこの**図-5.2.4**のように，煉瓦などの固体要素に鋼製のプレートなどの水平補強要素を挟みながら，鋼製のボルトやナットなどからなる鉛直補強要素で固定し，これを繰り返して構築するものです[35]。もっと簡単にいうと，煉瓦とプレートを交互に積み重ねて，煉瓦1個につき1箇所ずつボルトで締めて固定しながら形づくっていくものです。1個1個の煉瓦をボルトで締めるときに，各煉瓦にはプレストレス(Prestress)が与えられます。このプレストレスは，鉛直補強要素の各ナットの位置から各固体要素に与えられることと，鉛直補強要素と固体要素をモルタルなどの接着材で固定しないアンボンドタイプであることが特徴で，これを分散型アンボンドプレストレス(Distributed Unbond Prestress：DUP)と呼んでいます。SRB-DUP構造体を構成する鉛直補強要素は1本1本の長さが短いので，施工上扱いやすいといえます。また，DUPの累加現象[36]が発生するので，各鉛直補強要素の締め付け時には，比較的小さな引張力を与えていくことで，構

図-5.2.4 SRB-DUP構造体の概要

第❺章 循環型の建築構造システム

造体の下部には大きなプレストレスを与えることができます。加えて，SRB-DUP構造体は部材の構成要素を相互に接着しないアンボンドタイプの構造体なので，部材の解体・分別回収・リユースおよびリサイクルを容易に行うことができます。

SRB-DUP構造は，モルタルなどを使わない乾式工法で組積し，与えたプレストレスによる摩擦抵抗を利用する構造なので，「摩擦抵抗型乾式組積構造」と呼ぶこともあります。

図-5.2.5にはSRB-DUP構造で煉瓦を組積していくときの手順（SRB-DUP工法）の概要を示しています。**図-5.2.4**と**図-5.2.5**の両方を見ながら以下の説明を読んで下さい。

まず，平らな基礎の上面に長いボルトと短いボルトが交互に，かつ等間隔で一直線上に並ぶようにボルトを配置します。次に，小さな穴と大きな穴の開いた煉瓦を，穴の大きさが交互になるように，また小さな穴の位置でボルトの頭が短く出るように，煉瓦の穴にボルトを通しながら一直線上に並べ，その上に，2つの煉瓦を跨ぐようにプレートを配置します。次に，煉瓦から短く出ているボルトに丸座金とばね座金を通し，高ナットでボルトに所定の張力（プレストレス）が与えられるよう締め付けます。次に，今締め付けた高ナットの上部に，頭のない両切りボルト（鋼棒の両端にねじを切ったボルト）を立て，下の2つの煉瓦を跨ぐように，かつ高ナットが大きな穴に収まるよう

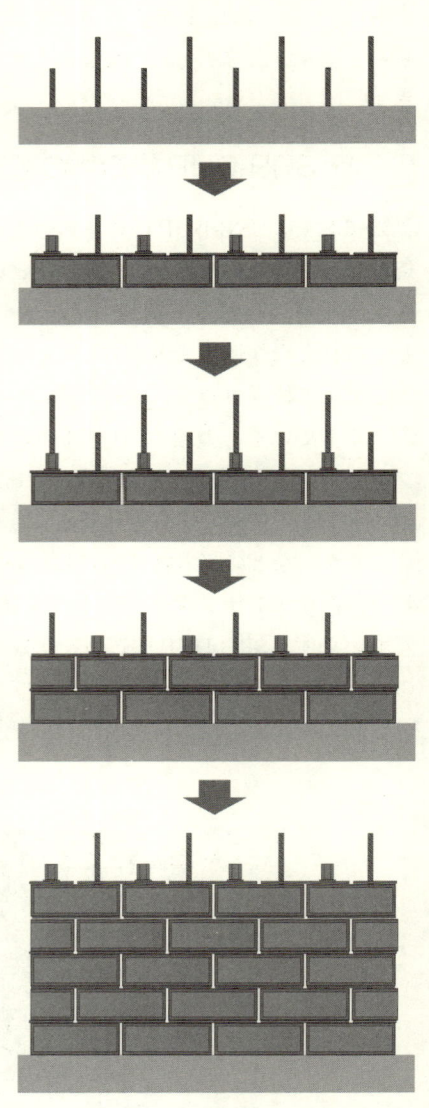

図-5.2.5 SRB-DUP工法による組積工程

に，次の段の煉瓦を配置します。そうすると，基礎の上面に出ていた長いボルトの上端が，2段目の煉瓦の小さな穴から少し上に出ます。以降，下の段と同様に，プレート，丸座金，ばね座金を配置し，高ナットで締め付け，両切りボルト，煉瓦，プレート，丸座金，ばね座金，……，というように部品の配置とナットの締め付けを繰り返して，所定の高さまで積み上げ，壁体などのSRB-DUP構造体を作製します。各煉瓦の締め付けは1箇所ずつ行われます。また，各ボルトは煉瓦2段毎に1回締め付けられます。このような手順で煉瓦を組積していくので，各部品を互いにまったく接着せずに構造体を作製することができます[37)]。

防水層はSRB-DUP煉瓦壁の内側に設けられるので，目地は空目地でも構いませんが，雨風を煉瓦壁の外側で遮りたい場合は，取り外し可能な粘着性のコーキング材などで目地を埋めればよいでしょう。

5.2.6 SRB-DUP構造に用いる固体要素（DUP煉瓦）

SRB-DUP構造に用いる固体要素が煉瓦の場合，これをDUP煉瓦と呼びます。2種類のDUP煉瓦を図-5.2.6と図-5.2.7に示します。どちらも，ボルトを通すための小さな穴と，ナットを収めるための大きな穴が開いています。

SRB-DUP工法は乾式工法ですので，DUP煉瓦は通常の湿式工法におけるモルタル目地に相当する部分まで一体化させた形状のものを使用します。こうすることによって材料のリユースを可能にするとともに，施工能率の向上，現場のクリーン化などが実現されます。一方，煉瓦は焼き物であるため，乾燥・焼成工程

図-5.2.6　研削によるDUP煉瓦　　図-5.2.7　石炭灰スラリーモルタルの巻き付けによるDUP煉瓦

における多少の寸法誤差の発生は避けられませんが，SRB-DUP工法は湿式工法と違い，煉瓦の高さ方向の寸法誤差をモルタル目地の厚さを調整して吸収することができないので，DUP煉瓦は高さ方向の寸法を精度よく統一することが求められます。この寸法精度を実現するために，これまで2通りの方法を試みました。1つは，**図-5.2.6**のように，目地の部分まで含んだ形状の煉瓦を製造し，その上下面を同時に研削して，煉瓦の高さ寸法を統一する方法，もう1つは，**図-5.2.7**のように，同じ21世紀COEプログラムのリサイクルチームで開発された石炭灰スラリーモルタルを煉瓦に巻き付けて硬化させることで，上下のモルタルまで含んだ煉瓦の高さ寸法を統一する方法[38]です。石炭灰スラリーモルタルは5.1.3項で紹介した安定化処理後の石炭灰スラリーをセメントに混ぜてモルタルにしたもので，乾燥収縮が非常に小さく，**図-5.2.7**のように薄く巻き付けることが可能です。このタイプのDUP煉瓦を用いることによって，研削に必要な電力消費量が削減でき，粉塵や削りカスの発生も抑えられます。また，世界中で一般的に使用されている煉瓦でも，形状について所定の条件を満たすものであれば，石炭灰スラリーモルタルを巻き付けることによってSRB-DUP構造に使用できます。先ほど異種の材料は接着しないことを提案しましたが，このタイプのDUP煉瓦はその寿命に達するまで，モルタルを巻き付けたままの状態で何度もリユースできるので，これでも構わないと判断しました。現在は，この石炭灰スラリーモルタルを巻き付ける方法で製造されたDUP煉瓦が主に利用されています。

5.2.7 SRB-DUP構造に用いる水平補強要素（鋼製プレート）

水平補強要素には基本的に厚さが1mm程度の薄鋼板（プレート）を使用しています。形状は**図-5.2.8**のような，2穴タイプや1穴タイプのものを使用します。梁になる部分にはその全長と，両側への定着長さを考慮した長尺のものを用いることによって梁の曲げ耐力を鋼板に負担させることができますが，梁の長さに応じた長尺プレートを用意しなければならないので，プレートの種類が増え，コスト的に割高になります。そこで，梁は別の方法で補強することにして，基本的に長さが短い2種類のプレートを使用します。

鋼板の製造方法には，熱間圧延と冷間圧延の2通りがあります。建築でよく使われるH形鋼などはほとんどが熱間圧延によるもので，建築基準法に定められている標準的に使用できる鋼板の規格には熱間圧延によるものばかりが指定され

5.2 SRB-DUP構造（摩擦抵抗型乾式組積構造）

図-5.2.8 SRB-DUP構造に用いる水平補強要素（鋼製プレート）

ています。しかし，熱間圧延による鋼板は規格上1.6 mmのものが最も薄いため，1.0 mmの鋼板を用いる場合は冷間圧延鋼板になり，鋼材メーカーなどが独自に「建築物に使用できる材料」の認定を受けている鋼板を使用することになります。

また，この構造体では鉄筋コンクリート構造のように，鋼材がアルカリ性のコンクリートに包み込まれているわけではないので，鋼板には防錆処理を施す必要があります。したがって，今のところSRB-DUP構造を日本の建築物の主体構造に適用する場合は，鋼材メーカーが建築物に使用するための認定を受けた防錆処理済みの鋼板を使用するという方法をとっています。

なお，SRB-DUP構造は構成要素が互いに接着されていないため，鋼材が多少発錆して膨張しても，鉄筋コンクリート構造のように膨張した鋼材がコンクリートを押し割るようなことはなく，錆によって鋼材の有効断面積が減少していくことが設計に影響しますので，鋼材の耐用年数は「鋼材が錆び始めるまで」よりも長くとらえることができます。

ちなみに，この水平補強プレートが本当に必要なのか，という疑問を検証した実験の結果を**図-5.2.9**に示しています。(a)がプレート無し，(b)がプレート有りの試験体です。プレートのない試験体は，煉瓦にひび割れが入り，ボルトが曲げによる圧縮で座屈すると割れた煉瓦が壁面外に押し出され，次々に割れた煉瓦が落ちていきます。一方，プレートを挿入した試験体は，煉瓦，プレート，ボルトが互いに拘束し合い，ひび割れた煉瓦も脱落せずに留まっています。この結果より水平補強プレートは必要ということが明らかになりました。

(a) 水平補強プレート無し　　　　(b) 水平補強プレート有り

図-5.2.9　SRB-DUP 壁体の水平載荷実験結果の比較

5.2.8　SRB-DUP 構造に用いる鉛直補強要素

　鉛直補強要素には図-5.2.10のような，両切りボルト，高ナット，丸座金，ばね座金の4点を使用しています。素材はいずれも普通鋼です。両切りボルトとは，丸い鋼棒の両端にねじを切った頭のないボルトのことです。ねじ切りは文字通り鉄を切削することもできますが，このボルトは転がしながら押して形をつくる「転造」という方法でねじを加工しています。

　これらのボルト類も，日本の建築物に標準的に使用できる規格が建築基準法に定められています。しかし，この4点はすべてが規定されている規格に該当するわけではありませんでしたので，この4点をセットにして「建築物に使用できる材料」の認定を受けました。

　また，このボルト類も鋼製ですので，防錆処理が必要です。SRB-DUP 構造で日本に建築物を建てるときには，本四架橋（本州四国連絡橋）のボルトにも使われているという高性能な塗装で防錆処理を行っています。

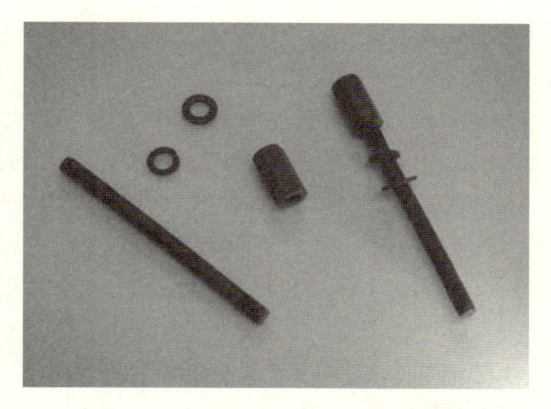

図-5.2.10　SRB-DUP構造に用いる鉛直補強要素

5.2.9 固体要素と水平補強要素の接触面における摩擦係数

　4.3.1項でも述べましたが，これまで建築構造の分野では，構成要素同士を互いに接着させることを前提として発展してきた構造技術が多く存在します。これは，ニュートン力学以降発展してきた建築構造力学を最大限に利用するため，構造体はできるだけ連続な弾性体などの取扱いやすいものに見なしたいという考えによるものといえるでしょう。

　筆者らが行ってきた，バラバラの材料を接着しないまま構造体をつくる，という取り組みも，最終的には構造設計ができて，建築物をつくることが目的ですから，そのための構造計算を行うには，何らかの理論に立脚する必要があります。しかも，それはできれば，建築構造技術者にとってこれまで慣れ親しんできた連続体の弾性力学などが利用できるに越したことはありません。

　そこで，バラバラの材料であってもプレストレスで拘束することで，煉瓦－プレート間には摩擦抵抗が発生し一体化しているわけですから，各構成要素が弾性体なら，構成要素間に滑りが発生しないうちは，SRB-DUP構造体は連続な弾性体として取り扱ってもよいのではないか，という視点に立ちました。

　そう考えたとき，「ではどの時点で滑りが発生するのか」ということを把握するのが重要になるので，図-5.2.11のような実験を行いました。これは煉瓦3個を並べ，煉瓦の上下両面（図-5.2.11では手前側と裏側の両面）を2枚のプレートで挟んでボルトで締め付け，このうちの中央の煉瓦に治具を引っ掛けて上側に，2

枚のプレートは下側に引っ張るという実験です。つまり，中央の煉瓦を滑らせようとする実験なのです。

　実験の結果，試験体を上下に引っ張る力の大きさは，ボルトに与えた張力（プレストレス）の大きさに比例して，その張力の何割かに達した時点で煉瓦－プレート間に滑りが発生しました。その結果について，煉瓦に与えたプレストレスを横軸に，滑り始めたとき煉瓦－プレート間に生じているせん断力を縦軸にとって示したのが図-5.2.12です。煉瓦に与えるプレストレスを大きくしていくと，滑り始めるときのせん断力もしだいに大きくなっていくのがわかります。この一連の実験結果に，最も傾きの小さい包絡線を直線で与えたとき，その傾きが煉瓦－プレート間の摩擦係数を表すと考えられます。その値は0.3程度であることがこの実験でわかりました[35]。

図-5.2.11　実験の状況

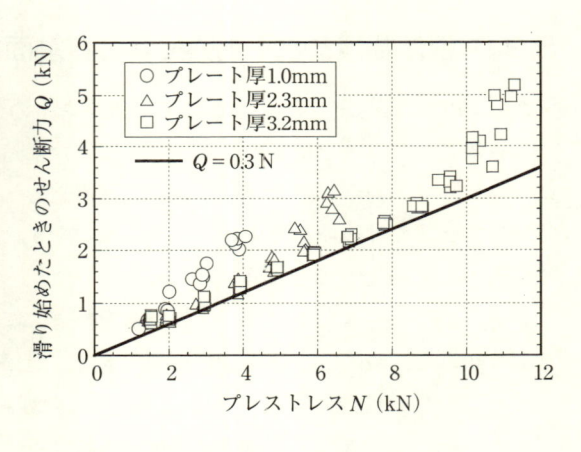

図-5.2.12　接触面に与えたプレストレス（ボルトの張力）と摩擦によるせん断抵抗力の関係

5.2.10　SRB-DUP乾式材料組織体の力学性状

　それから，SRB-DUP構造や一般の組積造のように，実際には不連続な構造体を連続した弾性体と見なして構造計算や構造解析を行いたいとき，構造体の構成要素を「連続で均質でヤング係数も一様な1種類の材料」と考えることができれば，計算や解析が非常に行いやすくなります。その「1種類の材料」としての性質，つまりSRB-DUP構造体の平均的な性質をとらえるために，組積造では一般に，壁の

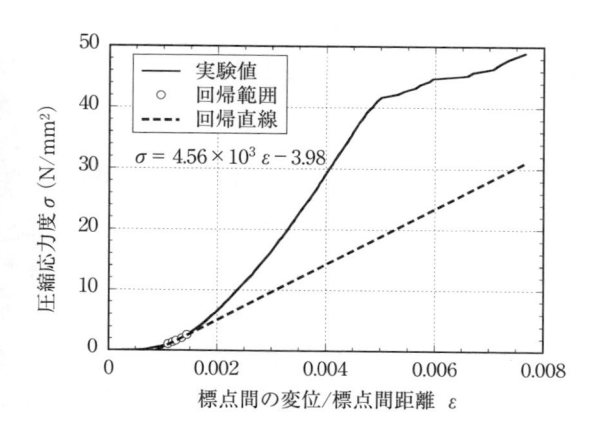

5.2 SRB-DUP 構造（摩擦抵抗型乾式組積構造）

図-5.2.13　実験の状況

図-5.2.14　SRB-DUP 乾式材料組織体の圧縮試験結果

（図-5.2.14 中の数式）
$\sigma = 4.56 \times 10^3 \, \varepsilon - 3.98$

一部分を取り出した「組積体」と呼ばれるものを作製し、圧縮試験を行って、その圧縮強度や見かけのヤング係数を構造計算や構造解析に利用します[32]。SRB-DUP 構造でもこれに倣って、「組積体」にあたる「SRB-DUP 乾式材料組織体」、つまり図-5.2.13のような「煉瓦とプレートを交互に3段や5段積み重ねたもの」の圧縮試験を行って力学性状を把握し、SRB-DUP 構造体の構造計算や構造解析に利用します[35]。

このような圧縮試験を行う前は、こんなことをしなくても、このように押したときの組織体の剛性は煉瓦の剛性なのではないかと思っていました。しかし、実験を行ってみると、組織体の剛性は煉瓦の剛性には程遠く、ずっと小さなものであることがわかりました。そのような結果が得られるのは、煉瓦は上下面を研削やモルタルの巻き付けによって平行かつ平滑に仕上げていますが、間に挟むプレートが打ち抜き加工でつくられているため、その端部に「バリ」と呼ばれる出っ張りがあり、細かく見ると平面とは見なせないからです。この煉瓦とプレートを交互に積み重ねて「SRB-DUP 乾式材料組織体」をつくると、見た目にはよくわかりませんが、積み重ねただけではプレートのバリなどによって少し浮き上がった状態になっているわけです。それを上から押していくと、初めのうちはその隙間が徐々に塞がるような結果が出るので、組織体の初期剛性は低い値が出ます。そして隙間が塞がっていくにつれて、組織体の剛性は高くなっていき、煉瓦の剛性に近づいていくということがわかりました。SRB-DUP 構造で与えるプレストレ

ス量は図-5.2.14の中に○で示している程度の値であるため、この範囲の接線剛性を「SRB-DUP乾式材料組織体」の見かけのヤング係数としてとらえることにしました。

5.2.11 SRB-DUP構造壁部材の面内水平力に対する性能

5.2.9項や5.2.10項に示した要素実験を経て、図-5.2.15に示すような壁の水平載荷実験を行いました。図-5.2.16はその結果を示したグラフです。グラフの縦軸は、壁に載荷した水平荷重を壁の断面積で除して得られるせん断応力度の値を、横軸は、載荷によって壁の頂部に生じた水平方向の変形量を壁の高さで除した変形角の値を示しています。実験は、図-5.2.15でいえば壁の頂部を左から押していって、所定の値に達したら押す力を緩め、次に反対側に引張り、また所定の値に達したら引く力を緩める、という作業の繰り返しです。せん断応力度がグラフ中の丸印の値に達したところから塑性変形が急に大きくなり始めています。このとき、壁体の頂部と、そこに取り付けて水平力を与えているH型鋼の間に滑りが発生したようです。それ以降も水平力の載荷(押し引き)を繰り返していった結果、グラフのような載荷履歴曲線(ループ)が得られました。

SRB-DUP構造壁部材の損傷限界時のせん断設計式

$$_D Q_S \leqq Q_{AS}$$
$$Q_{AS} = t \cdot j \cdot \mu \cdot N_P / A$$

図-5.2.15　実験の状況

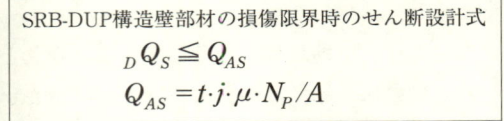

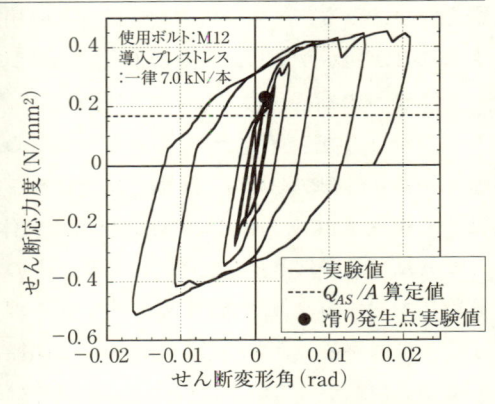

図-5.2.16　SRB-DUP壁部材の水平載荷実験結果

5.2 SRB-DUP構造(摩擦抵抗型乾式組積構造)

表-5.2.1 試験体の種類(SRB-DUP壁部材の水平載荷実験)

試験体名	有効長さ(mm)	有効高さ(mm)	煉瓦	プレート	ボルト	組積方法	導入プレストレス (kN)	
							最上層	その他
WS1	960	2 750	Original DUP	①-1, 2	M10	(2)	7.0	7.0
WS2				②-1				
WS3	1 800			①-1, 2				
WS4				②-2				
WS5				③-1, 3			5.0	3.0
WS6								
WS7				③-2, 4			7.0	7.0
WS8							9.0	1.5
WS9	960		SRB-DUP	①-3, 4, 5	M12	(1)	7.0	7.0
WS10	1 800							
WS11	960		Original DUP	①-2, 3		(2)		
WS12	1 800							
WS13	2 760							
WS14	3 600							

　グラフの上に示している Q_{AS} の算定式は,グラフ中の丸印のとき壁に生じるせん断力を,安全率まで考慮しながら求めるための式です。式の中には5.2.9項で紹介した摩擦係数 μ も考慮されています。この式で算定した Q_{AS} を壁の断面積 A で除した値はグラフ中に点線で示しています。丸印が点線より上にあることから,提案した式は「ここまでは滑りが発生しない」というせん断耐力の評価式として適しているといえます。なお,実際の設計では壁に生じるせん断力 $_DQ_S$ が Q_{AS} 以下になるようにすることで安全性を確保します。

　このような実験を,壁の長さを変えたり,使う煉瓦やプレートの種類を変えたり,ボルトの太さを変えたり,与えるプレストレスの大きさを変えたりした,さまざまな壁試験体(表-5.2.1参照)を対象として行いました[39]。図-5.2.17はその結果を示したもので,図-5.2.16中に示した評価式によるせん断耐力 Q_{AS} を1としたときの,各試験体の耐力を棒グラフで表現しています。どの試験体の場合も,試験体に滑りが発生するときのせん断耐力は,提案したせん断耐力の評価式で計算した値を上回っていることがわかります。このことから,提案したせん断耐力の評価式は,SRB-DUP構造の壁に,稀に発生する可能性のある地震や風な

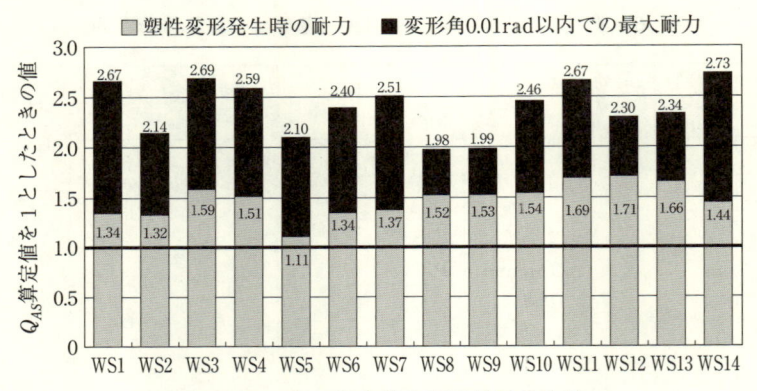

図-5.2.17　Q_{AS}算定値と実験結果の比較

どの荷重がかかった場合でも，壁に滑りが発生しないような設計（これを損傷限界時の設計といいます）を行うために使えることが確認できました。

この耐力評価式によって算定されるSRB-DUP壁体の損傷限界時のせん断耐力は，**図-5.2.18**によれば，木造の枠組壁工法（2×4工法）の壁パネル[40),41)]で最も強いものの2倍以上で，湿式の組積造である補強コンクリートブロック造[42)]とほぼ同程度であることがわかります。また，SRB-DUP壁体は与えるプレストレスの大きさでせん断耐力を変えられることも特徴の一つです。

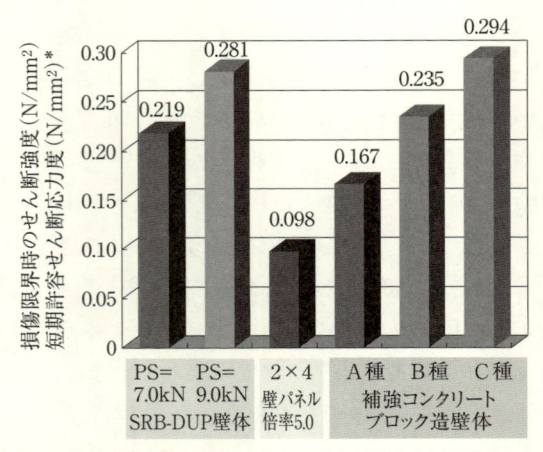

＊ 各壁体の構造上有効な部分が占有する長方形面積を断面積として算出

図-5.2.18　他の構造との耐力比較

5.2 SRB-DUP構造(摩擦抵抗型乾式組積構造)

　これまでの話は，SRB-DUP壁体が弾性範囲にあるとき，最大でどれくらいの強さ(耐力)を発揮するのか，ということについて述べたものです。しかし，地震については，もっと長い期間に発生する可能性のある大きさのものを考慮すると，図-5.2.16中に示した評価式によるSRB-DUP壁体の損傷限界時のせん断耐力 Q_{AS} を，地震によって生じる力が超えてしまう可能性があります。その場合に重要になるのは，構造体が塑性変形を起こした後，それまでの耐力を保った状態でどれくらい変形能力を発揮できるか，つまり，構造体が地震によるエネルギーを吸収する能力をどれくらい持っているか，ということです。

　煉瓦に鉄筋を挿入しながらモルタルを用いて組積する湿式工法でつくり上げた多孔レンガブロック造の壁体[43]と，SRB-DUP壁体の載荷履歴曲線を比較すると，SRB-DUP壁体は湿式工法による組積造の壁体に比べて変形能力が高く，載荷履歴曲線によって囲まれるループの面積が大きいため，エネルギー吸収能力が高いといえます。

　また，コンクリートブロックを組積してプレストレスを与える乾式工法[44]も提案されています。SRB-DUP工法では1個1個の煉瓦をボルトで締め付けながら構造体を組積していきますが，このコンクリートブロックの乾式工法は，長い鉄筋を構造体の下から上まで通して，最上部で一度に締め付けを行うのが特徴です。このコンクリートブロックの乾式工法による壁体と，SRB-DUP壁体の載荷

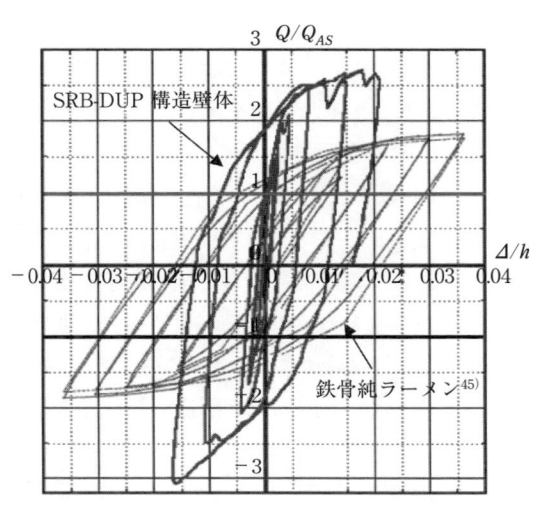

図-5.2.19　SRB-DUP壁体と鉄骨純ラーメン[45]の載荷履歴比較

履歴曲線を比較すると，コンクリートブロックの乾式工法による壁体の履歴曲線はスリップ型となり，載荷している途中，変位がゼロの付近では抵抗力もほとんどゼロになるのに対して，SRB-DUP壁体の載荷履歴曲線は紡錘形となり，ループが描く面積も大きいため，エネルギー吸収能力については優位であるといえます。

SRB-DUP壁体の載荷履歴曲線の形状は既存の壁構造の載荷履歴曲線よりも，**図-5.2.19**に示すような鉄骨ラーメン構造の履歴曲線[45)]の形状に似ています。SRB-DUP構造は，鋼製のボルトとプレートが節点ピンの格子を形成し，その格子の中に煉瓦が圧縮筋かいのような役割を果たすように挿入されている構造体と見なすこともできます。このようなメカニズムが鋼材の性能を十分に発揮させることで，載荷履歴曲線が鉄骨ラーメン構造のものに似た形状になるのではないかと考えられます。

5.2.12 SRB-DUP構造梁部材の曲げに対する性能

SRB-DUP構造は壁構造ですが，壁構造であっても建物は壁だけでできあがるわけではなく，外壁でも内壁でも窓や戸などの開口部の上部には壁梁状の梁部材が必要になります。SRB-DUP構造の梁部材が曲げを受けたときの力学性状を調べるため，**図-5.2.20**に示すような梁部材の曲げ実験を行いました。

図-5.2.21はその実験結果を示したグラフです[34)]。グラフの縦軸は，梁のスパン中央に生じる曲げモーメントを梁の全断面について算定した断面係数で除して得られる曲げ応力度の値を，横軸は，載荷によって梁のスパン中央に生じた撓みをスパンの半分の長さで除した変形角の値を示しています。**図-5.2.20**や**図-5.2.21**を見てまず驚かれるのは，その変形能力の高さだと思います。グラフの変形角は0.08rad以上，すなわち8％以上に達しており，そのときも梁の耐力は上昇し続けています。この梁部材を構成している水平補強要素は，長さが梁の全長と同じ長尺の薄鋼板なので，これらが鉛直補強要素と補強格子を構成し，煉瓦がその中に収まることで補強格子の各要素の位置関係が保持され，曲げに抵抗すると考えられます。イタコルマイトの変形能力はスパンに対して，弱軸方向で約3.4％に達すると5.2.4項で述べましたが，SRB-DUP構造梁部材は強軸方向でスパンの半分に対して8％以上，よってスパンに対しては4％以上の変形能力を示すということがわかりました。5.2.4項で述べた自然界の産物であるイタコルマイトと同等以上の変形能力が，工業製品である一般的な建築材料の組み合わせで実現でき

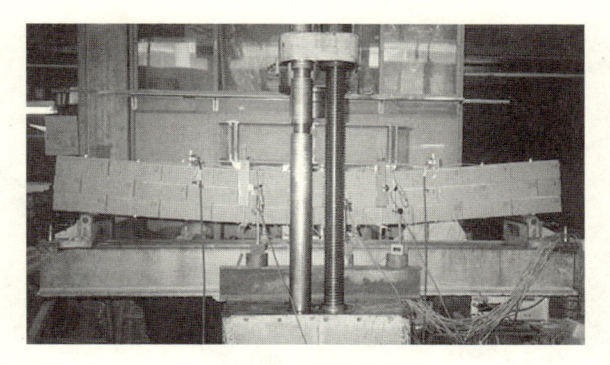

5.2 SRB-DUP構造（摩擦抵抗型乾式組積構造）

図-5.2.20　実験の状況

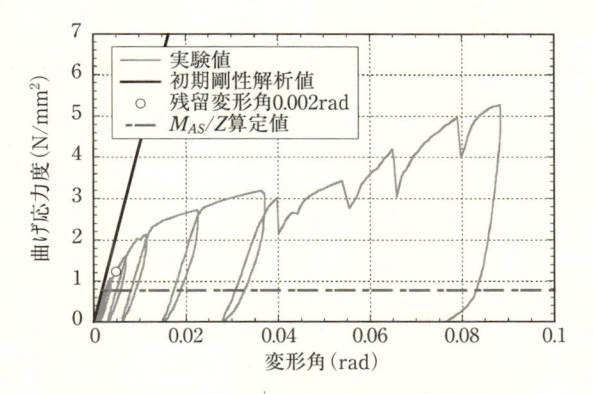

図-5.2.21　SRB-DUP梁部材の曲げ実験結果

ています。SRB-DUP構造梁部材は，イタコルマイト組織と同様に，構成する固体要素（煉瓦）が脆性的で，変形能力が乏しいにもかかわらず，部材全体としては高い変形能力を示す構造体になっているといえます。加えて，SRB-DUP構造梁部材はプレストレスによる摩擦抵抗で建築構造材料に必要な初期剛性を確保した構造体になっています。

5.2.13　SRB-DUP構造壁部材・柱部材の軸圧縮力に対する性能

図-5.2.22はSRB-DUP構造壁部材に材軸方向の圧縮載荷実験を行っている状況を示しています。図-5.2.23はその実験結果を示したグラフです。グラフの縦軸は，壁に載荷した鉛直方向の圧縮荷重を壁の断面積で除して得られる圧縮応力

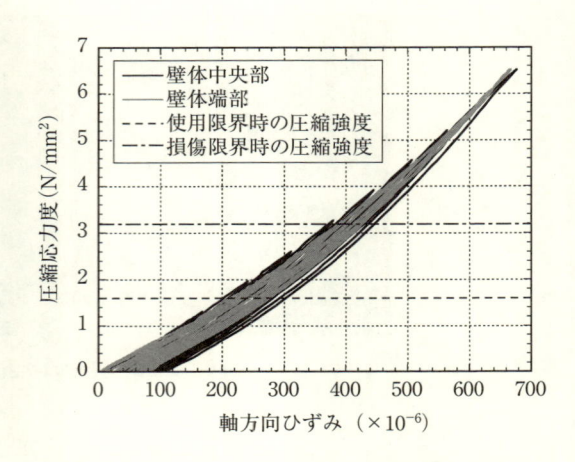

図-5.2.22　実験の状況　　図-5.2.23　SRB-DUP壁部材の圧縮載荷実験結果

度の値を，横軸は，載荷によって壁の頂部に生じた鉛直方向の変形量を壁の高さで除した軸方向ひずみの値を示しています。グラフの中に引いている2本の横線は，壁部材の座屈を考慮した使用限界時と損傷限界時の圧縮強度の各算定値を示しています。

試験体はこの実験での最大荷重の載荷時まで，ほぼ弾性的な変形挙動を示しており，使用限界時と損傷限界時の圧縮強度の各算定式は安全側の値を与えるものとして利用できます。ただ，5.2.10項の実験の考察として述べたように，載荷初期には剛性が比較的低く，圧縮応力度が大きくなるにつれて剛性もしだいに高くなる傾向が見られます。したがって，載荷履歴のグラフの形状は若干「下に凸」の曲線になっています[38]。

同様の圧縮載荷実験をSRB-DUP構造柱部材に対して行っている状況を図-5.2.24に，その実験結果を図-5.2.25に示しています。この柱部材は断面が煉瓦一個分の扁平な形状のものです。この部材の使用限界時と損傷限界時の圧縮強度の算定は座屈を考慮して行いますが，座屈荷重は弱軸回りの断面二次半径に左右され，これが図-5.2.22に示したSRB-DUP構造壁部材と等しいので，柱部材の使用限界時と損傷限界時の圧縮強度は，同じ材料による壁部材の使用限界時と損傷限界時の圧縮強度と同じ値になります。

この実験は容量500kNのジャッキで載荷していったのですが，500kN近くま

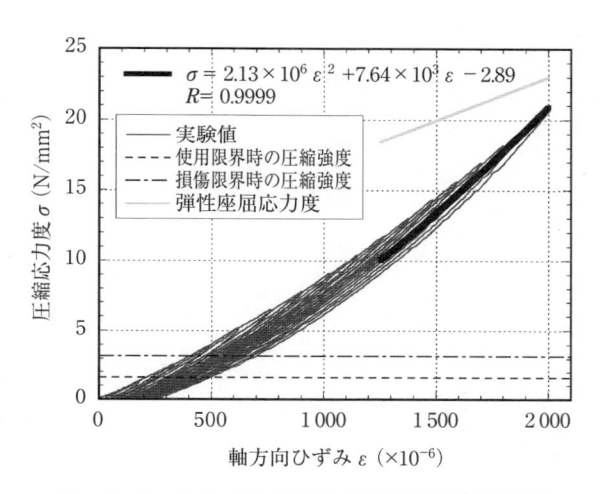

5.2 SRB-DUP構造（摩擦抵抗型乾式組積構造）

図-5.2.24　実験の状況　　図-5.2.25　SRB-DUP柱部材の圧縮載荷実験結果

で載荷してもほぼ弾性的な変形挙動を示しながら，耐力は上昇し続けました。**図-5.2.25**のグラフ中にはこの柱部材の弾性座屈荷重の算定を試みていますが，この値に近い圧縮応力度まで載荷が行われたことがわかります。SRB-DUP構造柱部材は非常に高い圧縮耐力を発揮し，使用限界時と損傷限界時の圧縮強度の各算定式は十分安全側の値を与えるものとして利用できることが確認されました[38]。

5.2.14　SRB-DUP構造壁部材・柱部材の曲げに対する性能

通常，壁部材や梁部材はその面内方向に作用する力に対して抵抗するように設計します。しかし，その直交方向，すなわち部材の面外方向に力を受けたときにも，バタンと倒れてしまってはやはり危ないし，実際，組積造で最も危険なのはそのように崩壊してしまうことです。

そこで，SRB-DUP構造壁部材に面外方向（弱軸回り）の曲げ載荷を行い，壁部材の挙動を調べました。**図-5.2.26**に曲げ載荷実験を行っている状況を，**図-5.2.27**に実験結果のグラフを示しています。グラフの縦軸は，壁の頂部に載荷した面外方向への水平荷重を壁の断面積で除して得られるせん断応力度の値を，横軸は，載荷によって壁の頂部に生じた面外方向への水平変形量を壁の高さで除した変形角の値を示しています。最大で約3.5％の変形角を与えていますが，この壁体は高さが2.75 mなので，頂部は水平に約9.6 cm変形しているということです。し

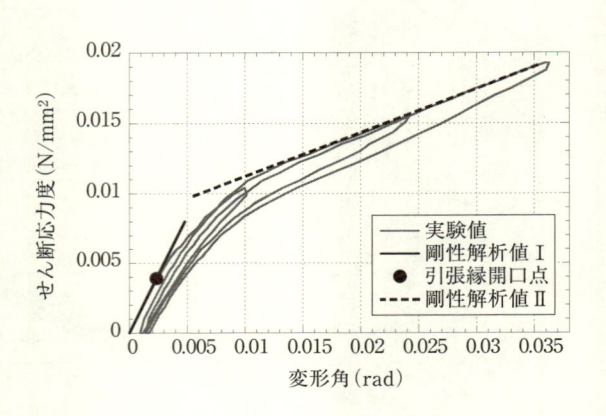

図-5.2.26　実験の状況　　　　図-5.2.27　SRB-DUP壁部材の曲げ実験結果

かも，その状態から除荷すると，変形はグラフ上で「折れ線」に沿って原点近くに戻ってきていますので，これはほぼ弾性変形だといえます。この珍しい形状の載荷履歴曲線は，プレストレスを与えている構造で見られることのある2段階の弾性剛性を示しています。さらに，このどちらの剛性も解析でうまく求めることができています[38]。

　同様に，SRB-DUP構造柱部材に対して弱軸回りの曲げ載荷実験を行っている状況を図-5.2.28に，その実験結果を図-5.2.29に示しています。前述の，壁部材の面外曲げ載荷実験の結果は，この図-5.2.29でいえば第1象限の部分の結果に相当します。この実験では柱部材の頂部に圧縮と引張の面外水平載荷を行っているので，引いたときの結果は図-5.2.29の第3象限に見られます。この実験で得られた載荷履歴曲線は，原点を中心にほぼ点対称な形状となっています。柱部材も変形能力が非常に大きく，±3％rad程度まで変形させても除荷すると残留変形は非常に小さくなってます[38]。

　したがって，SRB-DUP構造壁部材，柱部材は共に，面外方向の曲げに対しては非常に大きな変形能力を示し，除荷すればどちらの部材もほぼ元の形状に戻るという力学特性を有していることがわかりました。どちらの部材も面外方向の水平耐力は非常に小さいので，水平力の負担は面内方向の壁部材などに期待し，SRB-DUP構造壁部材，柱部材は面外方向への高い変形追随性能を示すといえます。

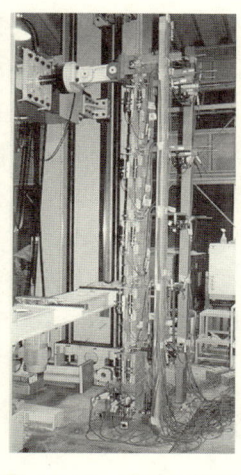

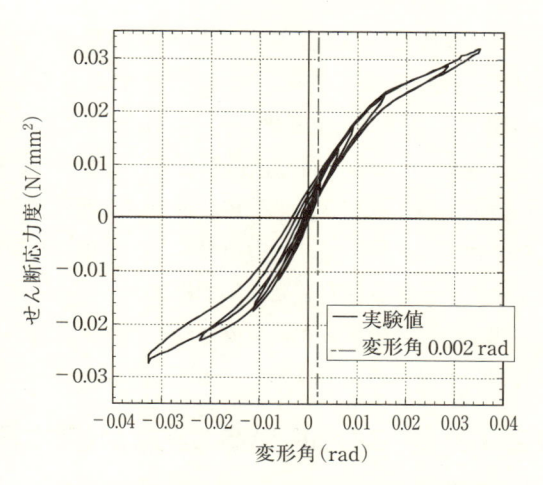

5.2 SRB-DUP 構造(摩擦抵抗型乾式組積構造)

図-5.2.28　実験の状況　　図-5.2.29　SRB-DUP 柱部材の曲げ実験結果

5.2.15 凌震構造の提案

　SRB-DUP 構造壁部材は，その面外方向への振動実験において，固有振動数による最大入力加速度 $1\,000\,\mathrm{cm/s^2}$ の正弦波加振を 60 秒間受けても崩壊せず，弾性に近い状態で高い変形能力を示すことが確認されました[46]。

　地震や風などの振動外乱に対する建築構造システムとしては，① 柱，梁，ブレース，耐震壁などの骨組全体の強度で振動外乱に耐える(抵抗する)「耐震構造 (Earthquake Resistant Construction)」，② デバイスを建物の中に適切に配置し，組み込むことによって建物全体の振動を制御する(揺れを小さくする)「制振構造 (Vibration Control Construction)」，③ ある層 (ほとんどの場合，建物の最下層付近) にデバイスを設置して建物と地面の縁を切ることにより地震を免れる(デバイスを設置した層より上の部分の揺れをきわめて小さくする)「免震構造 (Construction of Vibration Isolation)」[47]などが提案されており，研究が盛んに行われています。SRB-DUP 構造は，摩擦抵抗を利用する点から考えると，制振デバイスとして利用される摩擦ダンパーに機能的には近いですが，SRB-DUP 構造は構造体そのものが摩擦ダンパーとして機能するのが特徴で，ダンパーなどを別に設置する場合の建築計画上の検討や，別のデバイスを設置するためのコストが不要です。

九州大学の 21 世紀 COE プログラム「循環型住空間システムの構築」では SRB-DUP 構造を，耐震，制振，免震のいずれとも異なる「震動外乱を凌ぐ（切り抜ける）」構造システム『凌震構造（りょうしんこうぞう，Earthquake Resilient Construction）』として新たに提案しています。凌震構造は，異種の材料を接着しない構造原理に基づき，構造体の構成要素間に存在する隙間や接着していないことを積極的に利用して，耐力を保持した状態で部材の変形能力を確保し，高い振動エネルギー吸収能力を発揮する構造システムです。また，凌震構造は接着剤などの化学的結合によらずに構成されるリユース型の建築構造システムで，地球環境負荷の低減にも寄与する，21 世紀に相応しい建築構造システムといえます。

5.2.16 SRB-DUP 構造の実験棟（熊本県玉名郡和水町）

前項までに述べてきたこれまでの研究の成果を踏まえ，SRB-DUP 構造の実験棟を熊本県の和水町に建設しました。この実験棟は九州自動車道の菊水インターチェンジ近くに建っており，建築面積 100.22 m^2，延床面積 193.82m^2 の地上 2 階建で，5.2.2 項で述べたフルブリック（煉瓦二重壁）工法を SRB-DUP 構造体で実現しています。図-5.2.30 にその外観を示します。この建物の構造設計は日本の建築基準法に従って行い，超高層ビルの設計に適用するような振動解析も行いました。計算結果は国土交通大臣の認定を受け，世界で初めて SRB-DUP 構造の建築物が建築構造関係規定の厳しい日本において実現しました。

この建物は今までにない新しい構造方法によっていますので，この建物が建築基準法の構造規定を満たしていることを認めてもらうには，いろいろな工夫や手

図-5.2.30　SRB-DUP 構造実験棟（熊本県玉名郡和水町）

5.2 SRB-DUP構造(摩擦抵抗型乾式組積構造)

続きが必要でした。

　まず，建物の主要構造部を構成する材料(煉瓦，プレート，ボルトなど)が，主要構造部に使用してもよい材料の規格に適合しているかというチェックがあります。これは5.2.7項や5.2.8項で述べたように，主要構造部に使用してもよい材料であることの認定を受けている材料を用いるなどの対応でクリアしました。

　しかし，主要構造部に使用する材料には許容応力度や材料強度が定められていなければ，許容応力度計算や保有水平耐力の計算を行うことができない，ということが次に問題となりました。プレートとボルトについてはその基準強度の認定を受けている材料を使用したので問題ありませんでしたが，煉瓦の部分，すなわち「SRB-DUP乾式材料組織体」については基準強度の認定がありません。国土交通省告示第1024号「特殊な許容応力度及び特殊な材料強度を定める件」には，「組積体」の許容応力度や「鉄筋コンクリート組積体」の材料強度は定められています[32]が，審査を受けていた当時，これらは適用できないということでした。加えて，SRB-DUP構造は新しい構造形式なので，5.2.3項で述べた従来の「組積造」の仕様規定のすべてを満たすものではありません。

　これらの状況より，このSRB-DUP構造の実験棟には時刻歴応答解析を適用して，構造安全性に関する国土交通大臣の認定を受けることになりました。

　時刻歴応答解析は超高層ビルの構造設計に適用される解析手法です。この実験棟は2階建てですから，2質点系の時刻歴応答解析になりますが，各階がどのように揺れるのかをモデル化するために，時刻歴応答解析を行う前に静的な弾塑性解析(荷重増分解析)を行う必要があります。さらに，その弾塑性解析に入力するための壁や梁の復元力特性をこれまでの実験結果から設定する必要があります。

　図-5.2.31は，5.2.11項で述べたSRB-DUP構造壁部材の水平載荷実験の結果を6試験体分同時に示したもので，各実験結果は5.2.11項，**図-5.2.16**のグラフでいえば第1象限の部分の結果について，載荷履歴曲線の包絡線を示しています。このグラフの縦軸は，**図-5.2.16**のグラフ中では点線の値に相当する，各試験体の損傷限界時のせん断耐力を1として表しています。

　図-5.2.31のグラフ中のトリリニアの太線は，SRB-DUP構造壁部材の復元力特性をモデル化したもので，およそ6試験体の載荷履歴曲線(包絡線)の下限付近をとらえたものになっています。このトリリニアの折れ線上にある「損傷限界」は，壁部材にせん断滑りによる塑性変形が発生する点を，「要素弾性限界」は，壁部材

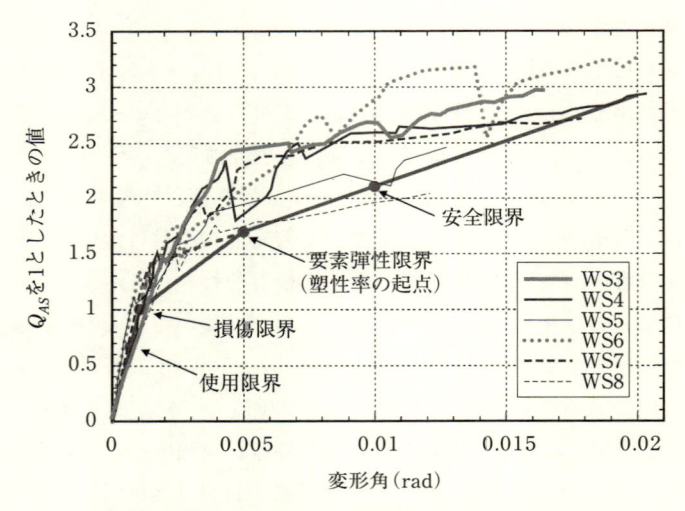

第5章 循環型の建築構造システム

図-5.2.31 SRB-DUP 壁部材の復元力特性

を構成するボルトが降伏し始める点を，「安全限界」は，軸方向力と水平力を同時に受ける試験体が最大のせん断耐力を発揮する点を，それぞれ示しています。「使用限界」は，「損傷限界」に安全率をかけて設定した，長期応力をこれ以下に抑えるための点です。

SRB-DUP 構造で特徴的なのは，部材を構成する材料が降伏する「要素弾性限界」よりも小さな「損傷限界」を超えると，構成要素は弾性の状態で，部材として滑りによる塑性変形を起こす点です。つまり，構成要素が健全な状態のままで，構成要素間の微少な滑りによって地震動などのエネルギーを効果的に吸収できるということです。これは構造体自身が摩擦ダンパーとして機能するようなもので，凌震構造の大きな特長の一つといえます。

このようにして，SRB-DUP 構造の建築物を構成する部材の復元力特性をこれまでの実験結果から設定し，静的な弾塑性解析を行って，2質点系と見なした建物の復元力特性を求め，これをモデル化し，時刻歴応答解析のデータとして入力します。

この実験棟の時刻歴応答解析を行った結果を**表-5.2.2**に示します。解析結果は，入力した地震動の中で応答が最も大きかった EL CENTRO 波の NS 成分を入力したときのものを示しています。解析は，レベル1とレベル2の大きさの地震

5.2 SRB-DUP構造(摩擦抵抗型乾式組積構造)

表-5.2.2　SRB-DUP構造実験棟の時刻歴応答解析結果(応答最大値)

入力地震動 (EL CENTRO NS)	レベル1 (最大速度：20cm/s) 気象庁震度階：5強程度			レベル2 (最大速度：40cm/s) 気象庁震度階：6強～7程度		
方　　向	X方向	Y方向	設計の クライ テリア	X方向	Y方向	設計の クライ テリア
層間変形角 (rad) ( ) 内，層間変位	2階1/2 523 (0.11cm)	1階1/2 144 (0.18cm)	1/200	1階1/760 (0.49cm)	1階1/799 (0.47cm)	1/100
層せん断力係数 (1階)	0.379	0.346	—	0.455	0.426	—
層せん断力の限界耐力 時*に対する比率 (1階)	0.65	0.59	1.0	0.62	0.57	1.0
層せん断力の限界耐力 時*に対する比率 (2階)	0.75	0.66	1.0	0.79	0.67	1.0
転倒モーメントの限界 耐力時*に対する比率 (1階)	0.68	0.61	—	0.66	0.58	—
層の塑性率	2階 0.57	2階 0.45	1.0	2階 0.88	2階 0.65	2.0

＊　レベル1：要素弾性限界耐力時，レベル2：安全限界耐力時

　動について行わなければなりません。レベル1の地震動は50年に1回程度発生するような地震動で，気象庁震度階でいえば5強程度に相当します。レベル2の地震動は500年に1回程度発生するような地震動で，気象庁震度階でいえば6強～7程度に相当します。各レベルの地震動入力に対して，応答がどの程度に収まっていればよいかという目安(クライテリア)を適切に設定し，そのクライテリアを満足しているかどうかを確認することで安全性を検討します。**表-5.2.2**より，解析結果は設計のクライテリアをすべて満足していることがわかります。

　また，層の塑性率は，レベル1の入力を行ったとき0.57や0.45，レベル2の入力を行ったとき0.88や0.65という値が出ています。塑性率はある部材が「要素弾性限界」に達したときの建物の層間変形角を1として，各時点での層間変形角を割合で表したものです。**図-5.2.31**のグラフより，「損傷限界」のときの壁部材の層間変形角は「要素弾性限界」のときの1/5程度なので，「損傷限界」のときの塑性率は0.2程度と考えられます。このことから，レベル1とレベル2の入力を行ったときの各応答は「損傷限界」と「要素弾性限界」の間に収まっていると考えられ，この実験棟の設計では，構成要素が塑性化していない健全な状態のままで，構成

要素間の微少な滑りによって地震動のエネルギーを効果的に吸収するという凌震構造の特長を十分発揮させることができています。なお，発生する最大の応答層間変位はレベル1のときで2 mm以下，レベル2のときでも5 mm以下なので，滑りや残留変形の大きさは十分小さいといえます。

5.2.17 SRB-DUP構造の実験棟（福岡市東区アイランドシティ）

図-5.2.32は，福岡市のアイランドシティに建設されたSRB-DUP構造の実験棟です。この建物は，建築面積83.64 m^2，延床面積154.31 m^{2}の地上2階建で，5.2.2項で述べたブリックベニヤ（煉瓦一重壁）工法をSRB-DUP構造体で実現しています。また，SRB-DUP構造の柱部材が2階の床荷重を支えるのに利用されています。この実験棟は，2005年の9月から11月にかけて行われた「アイランド花どんたく」（全国都市緑化ふくおかフェア）において「高度リユース住宅」として一般公開されました。

図-5.2.32　SRB-DUP構造実験棟（福岡市東区アイランドシティ）

この建物の構造安全性についても，前項で紹介した実験棟と同様に検討を行って国土交通大臣の認定を取得しました。本実験棟は2005年3月20日に発生した福岡県西方沖地震によって震度6弱の大きな揺れを受けましたが，構造的な被害

はほとんどなく，SRB-DUP構造の地震に対する強さが実証されました。

5.3 SRB-DUP構造の振動特性とシミュレーション

5.3.1 SRB-DUP構造のモデル化

前節で示したように，SRB-DUP煉瓦組積構造は，構成要素(図-5.3.1に示した煉瓦，スチール板，ボルト)が簡単にばらばらにでき，それらを再利用できるため，最も環境負荷の少ない形で循環性が担保できる構造形式であるといえます。またSRB-DUP構造はこれまでの節で示したさまざまな実験が明らかにしているように，高い地震荷重を支えることができ，しかも大きな変形が可能なため，高い耐震性を有している構造であるといえます。

SRB-DUP構造の主な要素の一つが煉瓦なので，SRB-DUP構造は数ある煉瓦組積システムのうち，新しいタイプの煉瓦造システムであるといえます。従来の煉瓦組積造はそのほとんどが湿式，すなわち煉瓦同士をモルタルで結合するタイプのもので，美的魅力，堅牢さ，施工の単純さ，コストなどの利点から，世界各国において多用され，愛好されていますが，関東大震災における大きな被害を経験して以来，地震の被害に合う確率の高い日本では，わずかな事例の補強煉瓦造建物を除いて，基本的に避けられてきていました。しかし，SRB-DUP構造は従来の湿式煉瓦造と異なり，煉瓦とスチール板の間の摩擦により，変形性能を生み

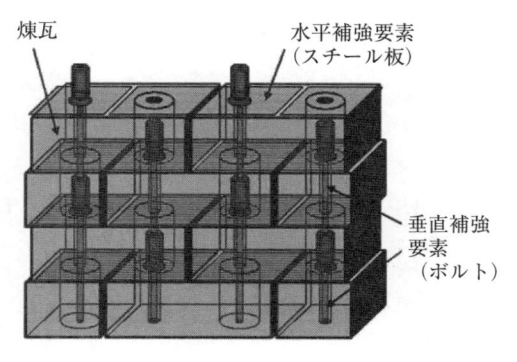

図-5.3.1　SRB-DUPシステム

出し，地震エネルギーをよく吸収する，耐震性の高い構造システムです。

しかし，このシステムが考案されたのは最近のことであり，SRB-DUP構造が地震の際にどのように挙動するか，どのようにして被害が発生するか，どの程度の安全余裕があるのかについての十分な検討結果がありません。前節までに解説したように，すでにSRB-DUPの梁および壁要素に対する静的荷重試験がシステマティックに実施され，耐震性能の設計および評価を行うための解析ツールも作成されています[35),48)]。しかし地震時の挙動を予測し，いかなる場合にも安全であることを確認するにはやはりSRB-DUP構造の動的な挙動を定量的にシミュレーションできる方法を確立し，それによって実際の構造物の応答を予測して大地震の際の大きな揺れ＝強震動に対しても安全であることを確認する必要があります。

そこで本節では，SRB-DUPシステムの振動特性をシミュレーションするための解析モデルの構築を目的に，まずSRB-DUP構造の構成要素の基礎パラメータを実験的に把握するとともに，小規模なSRB-DUP壁試験体を作成して，振動台を用いた振動実験を実施し，その基本的応答特性(固有振動数および減衰係数)を求めました。この振動台実験の主目的はあくまで解析モデルの開発に必要なパラメータを決定することにあります。

そして次に汎用非線形有限要素法ソフトウェアのADINAを用いて，この振動実験結果を数値的に再現することを試みました。この際，モデルとしては，壁体としての全体的な挙動を再現するような大きな要素を用いるマクロモデルのアプローチと，個々の小さな構成要素(煉瓦，スチール板，ボルト)を現実と同じようにモデル化し，それらの要素間の界面に関するパラメータも導入した，ミクロモデルのアプローチの2通りが考えられます。我々は界面でのすべりを含む動的な非線形挙動をシミュレートするためにはミクロモデルが適していること，精度よいマクロモデルを構築するのに十分なさまざまなパターンの実験を繰り返すことは大変な手間とコストがかかることから，ミクロモデルを用いることにしました。

このようにしてSRB-DUPシステムの数値的モデルが構築され，実験に用いた壁モデルを組み立てることができ，実験結果をよく再現した数値計算結果を得ることができました。

ここでは，我々の最新シミュレーション結果[49)]のエッセンスを紹介します。

5.3.2 SRB-DUP 構造の構成要素のパラメータ

　SRB-DUP煉瓦組積構造の基本構成要素は煉瓦本体，煉瓦と煉瓦の間に入れるスチールプレート，および煉瓦にプレストレスを導入するためのボルト（とナット）です。

　ミクロモデルではこれら個々の要素をそのままモデル化するので，それぞれの要素の質量と剛性を与えてやる必要があります。そこでまず煉瓦の数値モデリングのための材料データを入手するため，圧縮，引張およびせん断の各強度および剛性を得る室内実験を行いました。この室内試験では煉瓦壁の強度を把握するのに通常行われる試験を実施しており，すべて従来型の湿式煉瓦要素を作成して実験しています。

　室内実験ではSRB-DUP構造に用いる日本製の煉瓦に加え，比較のためにモンゴル製の煉瓦も用いています。モンゴルは，湿式煉瓦造の建物が国の建物の過半数を占めている国の一つです。また，モンゴルを含む世界の煉瓦造を多用する多くの国々では，たとえ地震が起きる地域であっても，ほとんど耐震設計がされていません。このため，煉瓦材料の基本的性質を把握し日本の煉瓦造と比較することは，地震に対する従来型煉瓦造建物の耐震脆弱性を評価するのに重要だと考えられます。

　合計63の試験体（うち42は日本製煉瓦，21はモンゴル製煉瓦）を用いて，煉瓦構成物の基本的性質を明らかにするために，一軸実験，曲げ実験，プリズム試験，トリプレット実験，せん断－圧縮実験を含む合計14種類の実験を，異なる傾斜角および寸法で行いました。煉瓦の変形特性は一軸圧縮実験から得ました。また結合部の摩擦係数を評価するため，異なる傾斜角のせん断－圧縮実験を行いました。

　この実験で用いられた煉瓦組積は，寸法210 × 100 × 60 mmの固体粘土焼成煉瓦およびセメント(C)：水(W)：砂(S)比が1：0.6：2.5のモルタルから構築されました。モンゴル製の煉瓦の寸法は少し大きめの240 × 120 × 65 mmで，同じ$C:W:S$比のモンゴル製モルタルを用いました。

（1）煉瓦の応力－歪特性

　煉瓦の応力－歪特性を得るため，煉瓦に圧縮力を加えます。煉瓦の圧縮強度を決定するのに普通は半分の大きさの煉瓦を用いるとされていますが[50]，我々の実験では煉瓦をまるごと用いました。

コンクリート，モルタル，煉瓦などの脆性材料の引張特性は割裂実験もしくは曲げ実験から間接的に求めることができるとされています[51]。この研究では，煉瓦全体の曲げ実験を行いました（**図-5.3.2** 参照）。破断係数として知られる曲げ引張強度は，コンクリートにおいて通常はシリンダ割裂引張強度の 1.4～2 倍とされています[51]。しかし煉瓦およびモルタルには破断係数およびシリンダ割裂引張強度を比較する実験データが存在しないため，コンクリートと同等の比率を適用することとします。

図-5.3.2 煉瓦曲げ実験セットアップ

(2) モルタルの応力－歪特性

モルタルの応力－歪特性を得るため，D50 × H100 mm のシリンダ形状にモルタルを成型し，圧縮実験を行いました[52]。モルタルの引張強度の決定には，寸法 25 × 25 × 250 mm の型を用い[53]，煉瓦の場合と同様に曲げ実験を行いました。モルタルが固まる間の煉瓦の吸水性の影響で，シリンダ型に成形したモルタルの性質は煉瓦間ジョイントとしてのモルタルの性質を必ずしも精度よく表さないと指摘されていますが[54]，煉瓦組積の強度を決定する経験則として提案されている各種の公式では，シリンダ型モルタルの強度を用いるのが一般的なのでここでもその試験を実施しています。

(3) 圧縮およびプリズム実験における煉瓦組積の機械的特性

5つの煉瓦を互いに積み重ねてモルタルで結合したプリズムを用いて，煉瓦組積の圧縮強度と，煉瓦およびモルタルの応力－歪特性を求める実験を行いました。

数値モデリングでは，上述の理由のため，シリンダの応力-歪特性を直接用いることができません。このため，煉瓦および成型モルタル単体に対する実験に加えて，プリズム試料についても煉瓦およびモルタルの変形特性を測定しました。歪ゲージおよび変位計の配置の概略を**図-5.3.3**に示します。

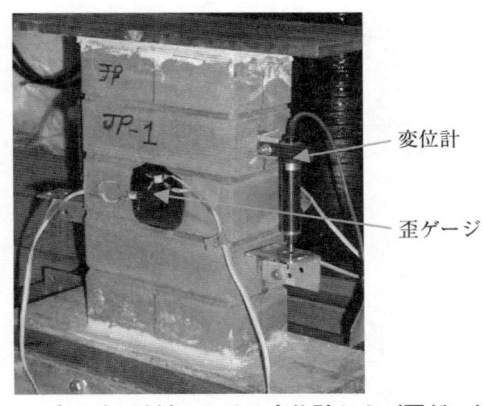

図-5.3.3 プリズム試料における変位計および歪ゲージの位置

(4) 付着強度・せん断付着強度

付着強度は，耐震設計においてとくに重要な特性です。付着には，引張付着とせん断付着の二種類がありますが，この研究ではせん断付着強度のみを実験的に求めています。引張付着強度は，とくに煉瓦組積の曲げ破壊モードで重要な強度特性ですが[55]，せん断付着強度と引張付着強度の比を用いて引張付着強度を推定することができます。Rotsによってとりまとめられた実験的研究[54]によると，この比は1.3を下回ることはないとされています。

せん断付着は，モール・クーロン(Mohr-Coulomb)の摩擦則で近似することができ，このとき付着の主な特性は粘着力と摩擦角で定められます。これらの付着特性を求める方法はいくつかありますが，通常は異なる圧縮力を与えたトリプレット実験を用います[54],[56],[57]。しかし，この実験は荷重をかけながら2方向で同時に測定する専用の機械を必要とします。その代替手法としてここでは，傾斜角の異なる(15, 30, 45, 60, 70, 90度)トリプレット(3層煉瓦)もしくはデュプレット(2層煉瓦)試料に，せん断・圧縮方向に荷重をかけその変形を計測しました(**図-5.3.4**)。

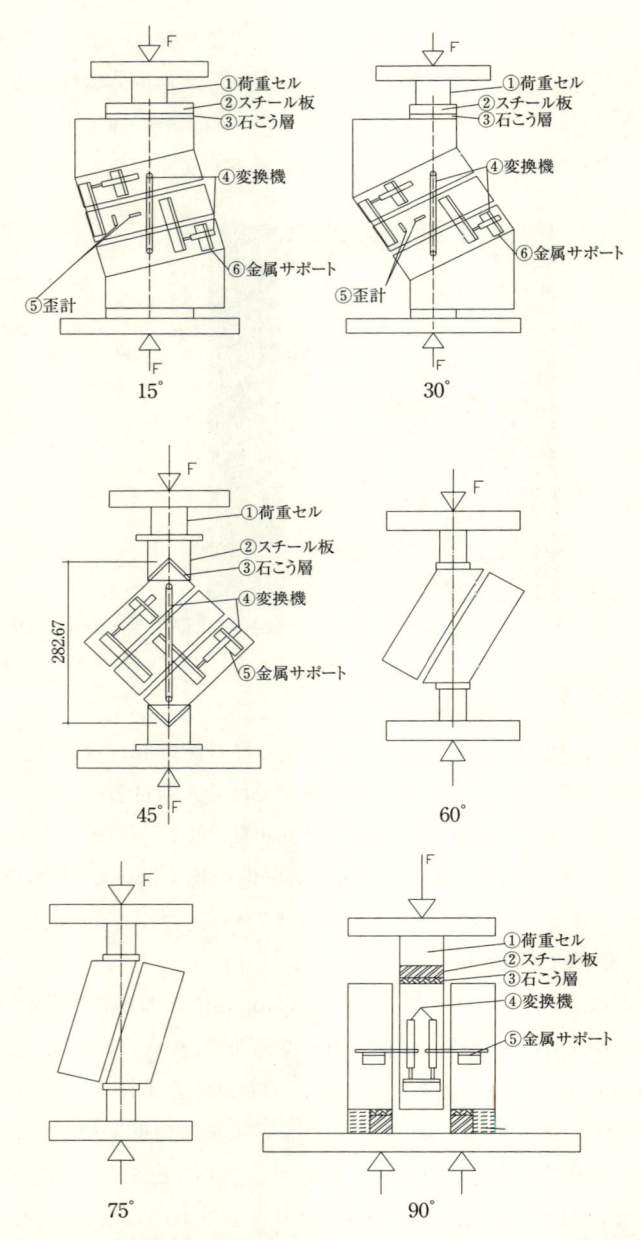

第❺章 循環型の建築構造システム

図-5.3.4　異なる傾斜角のトリプレットおよびデュプレックス試料

(5) 煉瓦組積要素のせん断－圧縮試験

　上記の試験で得られた煉瓦組積構成要素の基本的機械特性を用いて数値モデルの妥当性を検証するため，せん断－圧縮実験(45度載荷)が3，5，8層の3つの異なる寸法の試料(煉瓦組積要素)について行われました。これらの試料は，煉瓦組積のせん断強度，もしくは対角引張強度[58]を求めるために用いられました。ASTM基準によると，せん断－圧縮試料の荷重をかける両端は，ローディングシューを装備すべきとされていますが，この研究ではローディングシューを使うかわりに，両端を切り落として荷重載荷面をつくっています(**図-5.3.5**)。

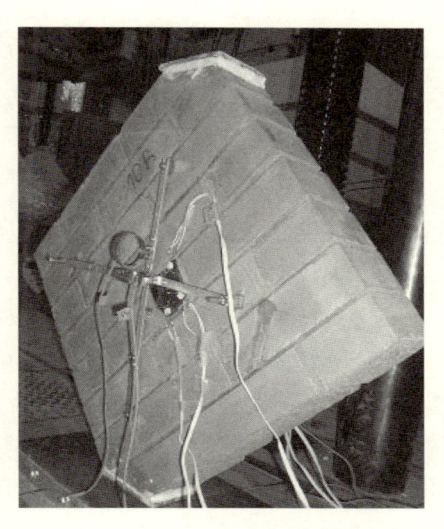

図-5.3.5　8層せん断－圧縮試験の煉瓦組積要素

　以上の実験は大分大学工学部建築学科の建築材料実験室で行われ，試料は実験室周囲温度(平均6.6℃)にて55～59日間養生されました。すべての実験は汎用の載荷装置により荷重制御で行われました。

　得られた実験結果を示します。まず**表-5.3.1**に，実験で求められた煉瓦組積構成要素の強度と剛性の諸特性をまとめました。

　モルタルのシリンダ実験から得られる弾性係数および圧縮強度は，実際の煉瓦組積要素の値より通常大きいとされています[54),59)]。理由の一つは上述のように，煉瓦がモルタルの水分を吸収するからです。数値解析においては従って，上記の

表-5.3.1 煉瓦とモルタルの諸特性

特性	平均値	備考
煉瓦		
弾性係数 （Mpa）	4 600〜 14 300	圧縮実験 プリズム試験
ポワソン比	0.19	圧縮実験
圧縮強度 （Mpa）	33.5	圧縮実験
曲げ引張強度 （Mpa）	6.4	曲げ実験
モルタル		
弾性係数 （Mpa）	23 700	シリンダ実験
ポワソン比	0.28	シリンダ実験
圧縮強度 （Mpa）	41.0	圧縮実験
曲げ引張強度 （Mpa）	6.4	曲げ実験

モルタルのシリンダ強度から減らした値，もしくはプリズム試験による値を使用すべきです。図-5.3.6にはプリズム試験結果から求めた煉瓦およびモルタルの力－変位関係を示します。

表-5.3.1に示されるように，煉瓦単体の圧縮実験と5層プリズム試験の中央の煉瓦から得られた，煉瓦の弾性係数には，かなりの差があります。その理由として，境界条件(拘束効果)が考えられます。煉瓦単体の圧縮実験では，煉瓦はスチール板と薄い石膏の層で挟まれていますが，プリズム実験の中央の煉瓦は周囲

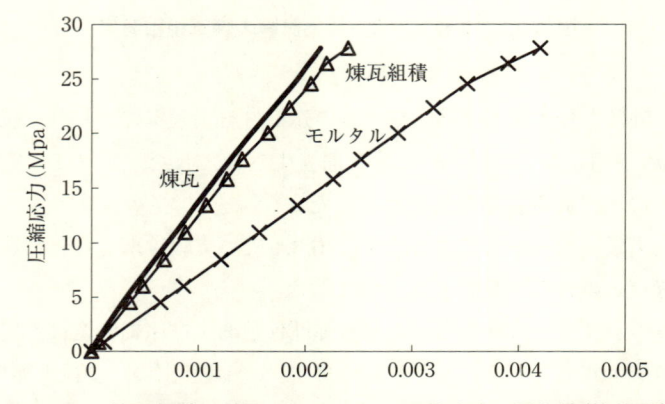

図-5.3.6 煉瓦組積，煉瓦，モルタルの平均応力－歪曲線(換算値)

をモルタルジョイントに挟まれているのです。同じように水平および垂直に置かれた煉瓦単体の圧縮実験結果を比較したところ，圧縮強度は同じでしたが，垂直に置かれた煉瓦は弾性係数が水平に置かれた煉瓦の約2倍でした。これも境界条件で説明することが可能で，垂直に置かれた煉瓦の中心部分は周囲の境界の影響が小さいと考えられます。なお煉瓦とモルタル両方の応力－歪関係は直線性は低く，基本的に非線形であるため，弾性係数として破断強度の35％の力における割線弾性係数を用いています。

次に煉瓦組積要素の性質をプリズム試験結果に基づいて検討します。予想されたとおり，煉瓦組積要素の圧縮荷重下での破壊は，煉瓦本体における垂直引張割裂により発生しました。そのひび割れの状況を**図-5.3.7**に示します。割裂は，煉瓦とモルタル間の異なる横向き引張歪によって発生するとされています[60]。

次に圧縮荷重方向の傾斜角が異なるトリプレットおよびデュプレックス試料を用いて，粘着力と摩擦角を求めるための実験について報告します。傾斜角が45度および45度未満では，引張割裂による亀裂が，接着面のすべりより先に起きます。このため，摩擦角を得るためには，60度以上の傾斜角を用いることが推奨されています。一方粘着力は，一般的に接着面に圧縮応力がかからず，せん断

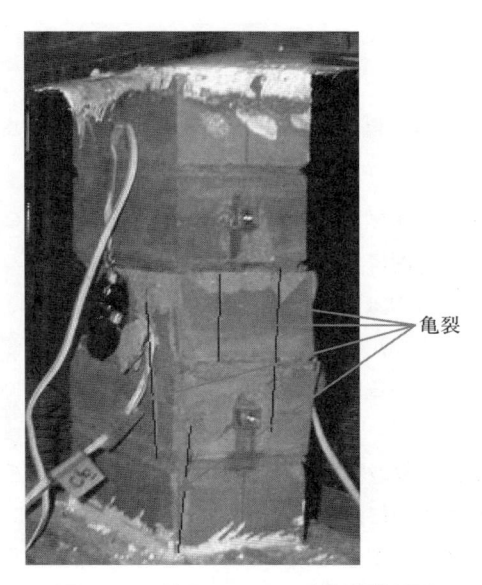

図-5.3.7　煉瓦における垂直引張割裂

応力のみがかかる90度トリプレット実験から得られます。トリプレットおよびデュプレックス実験により求められた，付着特性の値を**表-5.3.2**にまとめます。これから得られるモール・クーロンの摩擦破断条件を**図-5.3.8**に図示しました。

表 5.3.2　付着特性

粘着力　（Mpa）	1.26
摩擦係数	1.03

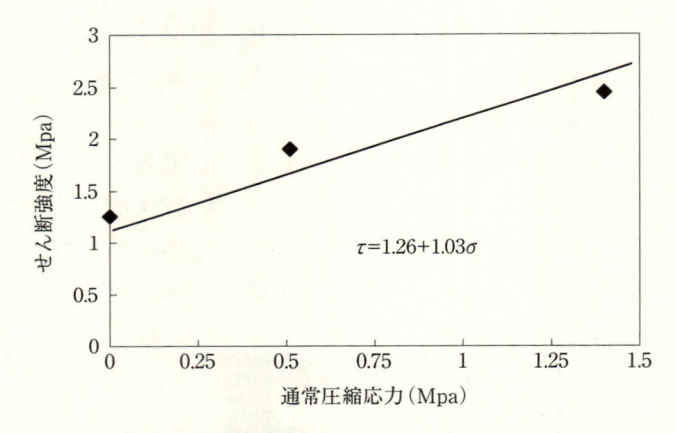

図-5.3.8　垂直圧縮応力の関数としたせん断強度

グラフ中の式: $\tau = 1.26 + 1.03\sigma$

トリプレットおよびデュプレックス試料の破断後の接着面を調べたところ，試験体製作者の技術と熟練度により，実際の接着範囲は見かけの接着面積よりかなり小さくなることがわかりました。**図-5.3.9**に75度デュプレックス試験における，モルタルと煉瓦間の(a) 不完全な，および(b) 良好な接着例を示します。結果的に，合計付着面積が小さい試料では，せん断強度が最大で1/3に低下していました。

最後にせん断−圧縮試験の結果を見てみましょう。すべてのせん断−圧縮試料は，荷重方向の対角線方向に，煉瓦とモルタルの接合部沿いに破断しました。せん断強度は，試料の大きさごとに異なりました。その結果を**表-5.3.3**にまとめましたが，せん断強度は試料の寸法(細長比)の増加とともに減少していますが，弾

(a) 不完全な付着の例   (b) 良好な付着の例

図-5.3.9 付着面の状況

表-5.3.3 煉瓦組積のせん断強度

試料寸法	せん断強度(Mpa)	弾性係数(Mpa)	細長比
3層	5.03	2 842	2.3
5層	1.66	2 170	4.0
8層	2.05	3 416	6.6

性係数はあまり変化しませんでした。

　この中で5層の試料は少し例外的な結果を示しています。これは試料の高さと幅をそろえるため，垂直モルタル層の厚さを通常の10 mmから20 mmまで広げたため，試料のせん断強度が低下したものと考えられます。

　モンゴルの煉瓦に対しても日本の煉瓦と同様の試験を行い強度特性を得ました。その結果を**表-5.3.4**に比較します。一般的に，日本の煉瓦・モルタルおよびそれによる組積構成物は，モンゴルのものより高い強度特性を示しましたが，その差はそれほど大きくありませんでした。

　以上煉瓦の数値モデリングのための材料データを入手するため，圧縮，引張およびせん断の各強度および剛性を得る室内実験を行いました。単体試験から得られにくい情報は煉瓦組積要素の変形特性から推定されました。しかし，弾性係数などは境界条件に依存するのでSRB-DUP構造の実際の数値解析においては何らかの補正係数を用いて考慮することが必要であると考えられます。

表-5.3.4　日本とモンゴルの煉瓦組積の特性

特性	日本	モンゴル
煉瓦密度　（kg/m^3）	1 867	1 880
煉瓦圧縮強度　（Mpa）	33.5	29.8
煉瓦ポワソン比	0.19	0.20
モルタル密度　（kg/m^3）	2 139	2 104
モルタル圧縮強度　（Mpa）	41.2	30.4
モルタルポワソン比	0.28	0.28
プリズム強度　（Mpa）	26.7	18.0
粘着力　（Mpa）	1.26	0.65
煉瓦IRA*　（g/min）	180.2	149.1

＊　IRA：初期吸収率

5.3.3 SRB-DUP構造壁体の振動実験（シリーズ1）

　次に，従来工法の無補強湿式煉瓦壁およびSRB-DUPシステムの乾式煉瓦組積壁を用いて，振動台の上に載せてそれを動的に振動させることにより，地震時の煉瓦壁の面内挙動を調べました。実寸で実験する方が望ましいことはもちろんですが，ここでは振動台のサイズと積載重量の制限により，スケールを縮小させたモデルもしくは構造要素の実験に限って実施した結果を参照します。

　構造物の動的な挙動は，第一義的に構造物の固有振動数およびその振動数での減衰の強さに依存します。このため，まず固有振動数および減衰係数という2つの基本的な動特性を求める必要があります。

　ここでは各実験の前後に，振動台による加振計測結果と比較するために，揺れを与えない自然状態で微小な振動を計る「微動計測」を行いました。微動計測は，既存の建物の微小歪下における固有振動数を求めるのに最も簡便な方法です。微動計測は，実際の煉瓦組積構造についても行われているので，それとの比較も可能となります。

　実験では現実的な建築物の特徴を最もよく表現できるサブシステムを試験体として用いる必要があります。ここでは，窓枠の間の壁柱状の部分を模した小振動台に載せることのできる二種類の高さの壁試験体を用いました。

まず，試験体について述べます．従来工法の湿式煉瓦組積壁試験体を構築するに際しては，部材試験で用いたのと同じ $210 \times 100 \times 60$ mm の赤粘土煉瓦および $C:W:S$ 比 $1:0.6:2.5$ のモルタルを用いました．SRB-DUP 試験体については，$220 \times 110 \times 85$ mm の石炭灰混入赤粘土中空煉瓦，1 mm 厚のスチール板，および直径 12 mm のボルトを用いて構築しました．

これらの試験体を，底板を介してボルトで台に固定し，また上部では2つの平行な壁が剛なコンクリート板に固定しました(図-5.3.10)．この上部コンクリート板の重量は 215 kg で，追加のスチール板をそれに載せることにより，総荷重を 315 kg としました．壁内部に生じる自重および戴荷フレームの重量による圧縮応力は 0.04 N/mm^2 です．従来工法の湿式煉瓦組積試験体の場合，2つの平行な壁を台に固定した後，上部のコンクリート板は，コニシ社の強力エポキシ接着剤 E250 を用いて取り付けた鉄製の梁を通して固定しました．

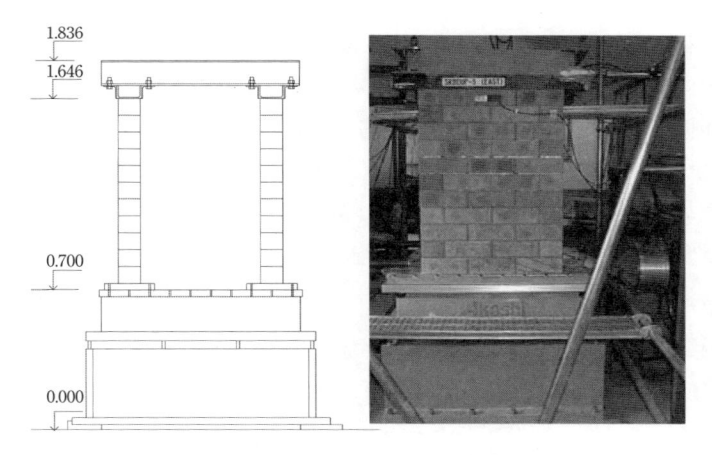

図-5.3.10　11層 SRB-DUP 煉瓦組積壁試験体

実験では壁の積層段数の影響を調べるため，2つの異なる高さ($100 \times 660 \times 514$ mm^3 および $100 \times 660 \times 955$ mm^3)の従来工法煉瓦組積壁，および，2つの異なる高さ($110 \times 660 \times 516$ mm^3，$110 \times 660 \times 946$ mm^3)の SRB-DUP 壁を面内動的実験のために作成しました．SRB-DUP 壁体についてはリユース性を確認するため，一度使用した材料を使った場合を含め試験体は全部で7体作成しています．従来工法煉瓦組積の構成要素の材料特性は 5.3.2 項に示した通りです．同

様にしてSRB-DUP壁の構成要素，具体的には煉瓦，直径12 mmのボルト，および1 mm厚のスチール板の材料特性を室内試験によって得ています(**表-5.3.5**)。なおSRB-DUP壁のプレストレスは7kNに設定しています。

表-5.3.5　SRB-DUP煉瓦組積材料の特性

特　性	煉　瓦	スチール板	ボルト
圧縮強度（Mpa）	96.6	—	—
降伏応力（Mpa）	—	273.7	435.7
引張強度（Mpa）	6.21	369.6	521.4
弾性係数（Mpa）	9×10^3	1.95×10^5	2.08×10^5
降伏歪（μ）	—	—	0.0021
ポワソン比	0.14		

　実験を行った試験体の一覧を**表-5.3.6**に示します。まとめると，すべての試験体は次の4つのグループに分けられます。在来工法で高さが高いもの，在来工法で高さが低いもの，SRB-DUP工法で高さが高いもの，そしてSRB-DUP工法で高さが低いものです。試験体No.3，No.4，およびNo.5は構成要素の再利用性を調べるために作成されたもので，材料は再利用されています。

　次に重要な事項は，試験体に加える適切な加振レベルの決定です。ここでは試験体の共振振動数の計測が目的なので，基本周波数2 Hzから400 Hzの正弦波スイープ信号を，面内方向に約2分間にわたり加えて試験体を加振しました。この加振は各試験体に対して徐々にレベルを増加して繰り返し実施しました。その加振加速度レベルは高さの低い従来工法煉瓦組積壁については25 Galから500 Gal，高さの高い従来工法煉瓦組積壁については，振動台の加振限界の260 Galまでとしました。一方SRB-DUP試験体については，試験体の重量が重いため，高さの低いSRB-DUP壁体では最大加速度レベルを390Gal，高さの高いSRB-DUP壁では240 Galまで計測を行いました。

　減衰係数は，実験の間に行われた自由振動実験，すなわち試料が乗っている基礎部分をハンマーで励起する実験により求めました。

　計測は，上板および底板が剛体のようにふるまうものと仮定してセンサーを配置しました。加速度(全部で15チャンネル)，変位(6チャンネル)，煉瓦の歪(6

表-5.3.6　試験体一覧

番号	名　前	説　明
1	SRB-DUP1	11層，試験体1
2	SRB-DUP1A	11層，試験体1，追加荷重あり
3	SRB-DUP2	11層，試験体2（再利用材料）
4	SRB-DUP3	11層，試験体3（再利用材料）
5	SRB-DUP4	低い試験体，6層
6	SRB-DUP4A	低い試験体，6層，追加荷重あり
7	SRB-DUP5	11層，試験体（古い煉瓦，新しいボルト）
8	SRB-DUP6	低い試験体，6層
9	SRB-DUP6A	低い試験体，6層，追加荷重あり
10	SRB-DUP7	11層試験体
11	CBM1	13層，従来工法煉瓦組積
12	CBM2	7層，従来工法煉瓦組積

チャンネル）およびボルトの歪(14チャンネル）は，それぞれ加速度計Akashi Pick-Up V407，変位変換器CDP100，および歪計PFL-30-11もしくはFLA-5-11により測定しました。**図-5.3.11**に，変位および加速度を測定するための実験のセッ

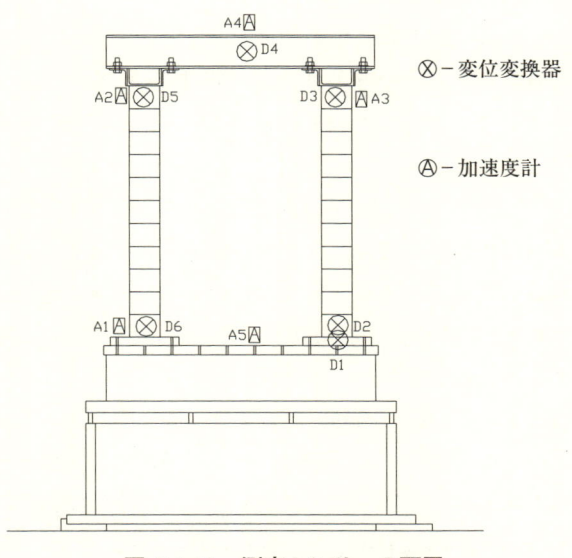

図-5.3.11　測定センサーの配置

トアップ状況およびセンサー位置を示します。

実験は，九州大学21世紀COE「循環型住空間の構築」プログラム振動実験室にて，2005年に行いました。以下にその基本的な結果を紹介します。

試験体の固有振動数は，加速度波形をフーリエ変換し，その試験体頂部の絶対応答加速度スペクトルを，入力加速度スペクトルで割ってそのピークから求めます。一例として，図-5.3.12に50Gal入力時における，4つの試料の面内振動のスペクトル比を示します。

試験体の減衰係数は，自由振動実験の結果より，以下の公式を用いて求めることができます[61]。

$$\zeta = \frac{1}{2\pi j} \ln \frac{\ddot{u}_j}{\ddot{u}_{j+j}}$$

ここで，jはu_iからu_{i+j}の間の，ピークからピークのサイクル数（繰り返し数）です。

試験体の4つのグループにおける固有振動数および減衰係数を表-5.3.7に示します。この表の数値は，すべて新規材料を用いた試験体の初期値（20〜25Gal加振時）です。後で示すように，すべての試験体において，入力加速度を増大させるとその固有振動数は減少していきます。

この表から高さが高いほど固有振動数は低いこと，従来工法とSRB-DUP工法を比較するとSRB-DUP工法の方が20％ほど振動数が高い，したがって剛性が高いことがわかります。減衰定数は2.5〜3.5％で，従来工法の方が少し大きいようです。

図-5.3.13に示すように，入力加速度が25Galから240Galに増加するとともに，固有振動数はSRB-DUP壁の場合最大7％，従来工法煉瓦壁の場合最大15％低下します。これは目に見える亀裂が発生する前の現象です。SRB-DUP壁は従来工法煉瓦壁より約1.2倍固有振動数が高く，入力加速度の増加に伴う主振動数の低下の程度がより遅いのですが，これはプレストレスを導入して緊結しているためだと考えられます。この固有振動数の低下は，線形関数よりも2次式で正確に近似できることがわかっています（図-5.3.14）。この入力加速度の増加に伴う1次固有振動数の低下は，組積材料，とくにモルタルの非線形な挙動によるものである可能性があります（図-5.3.15）。またSRB-DUP壁に特有の固有振動数の減

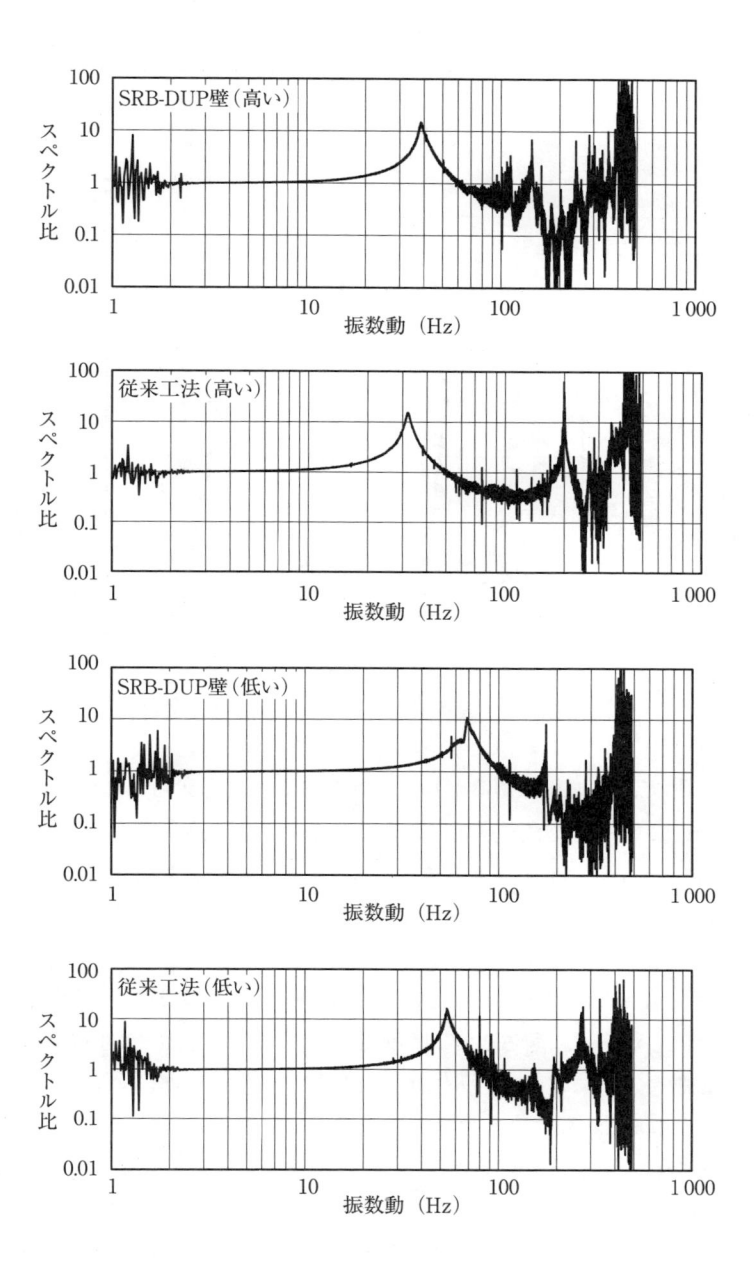

5.3 SRB-DUP構造の振動特性とシミュレーション

図-5.3.12 試験体の加振時スペクトル比

表-5.3.7　固有振動数と減衰係数（315kg 載荷時）

試料	固有振動数（Hz）		減衰定数
	面内	面外	
従来工法（高い）	33	14	0.032
従来工法（低い）	56	24	0.035
SRB-DUP（高い）	43	13	0.024
SRB-DUP（低い）	69	27	0.027

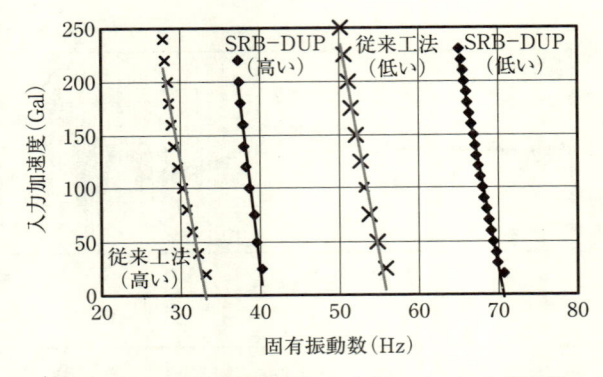

図-5.3.13　1次固有振動数の入力レベルによる変化

少の理由として，大加振によるボルトの伸びの影響が考えられます。

図-5.3.16に，SRB-DUPの高い壁におけるボルトの最高歪を，入力加速度の関数として示します。例えば，240 Galでは高さの高いSRB-DUP壁のボルトは，0.14 mm長くなることがわかります。ボルトの長さは157 mmであるため，この伸びによって初期プレストレスの7 kNは0.2 kN程度，約3％減少します。

一方，従来工法の試験体における煉瓦の歪レベルは，線形弾性限界内に留まっていると考えられます。**図-5.3.17**に静的圧縮実験による応力−歪曲線を示し，**図-5.3.18**に振動台実験における，入力加速度に対する壁の底部にある煉瓦の最大歪を示します。500 Gal程度の入力では煉瓦内部に生じる応力で見るとけっして大きなレベルではないことがわかります。

また，SRB-DUP試験体の場合，一度大きな加速度まで増大させて加振したあと，もう一度小さい入力加速度を再度加えた場合，その固有振動数はいったん高い値に戻りますが，それでも最初の値まで戻ることはありません。その様子を

5.3 SRB-DUP 構造の振動特性とシミュレーション

SRB-DUP 壁（高い）

$y = -64.5x + 2602.4$
$R^2 = 0.9636$

$y = 13.315x^2 - 1093.9x + 22485$
$R^2 = 0.9905$

従来工法煉瓦壁（高い）

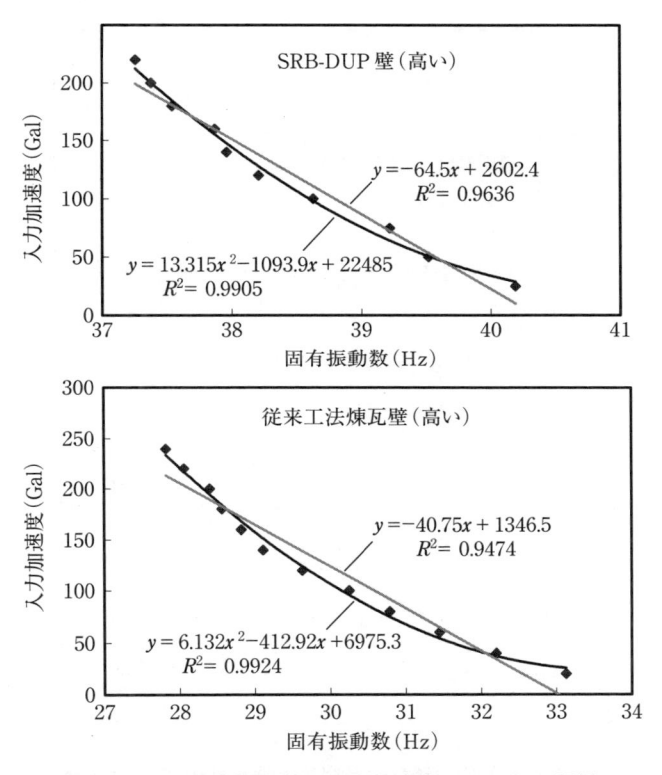

$y = -40.75x + 1346.5$
$R^2 = 0.9474$

$y = 6.132x^2 - 412.92x + 6975.3$
$R^2 = 0.9924$

図-5.3.14　固有振動数と入力加速度レベルとの関係

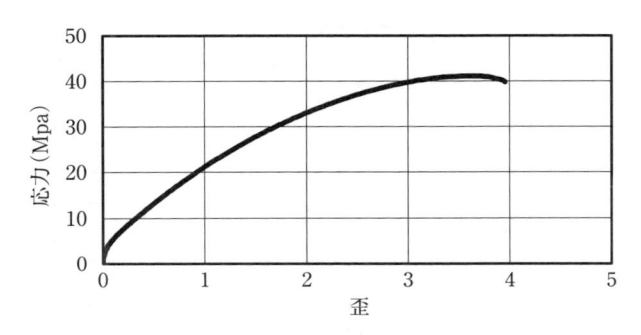

図-5.3.15　モルタルの静的実験による応力－歪曲線

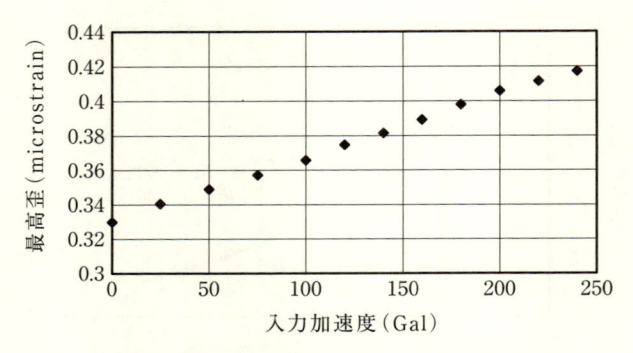

図-5.3.16　ボルトの歪（SRB-DUP壁）

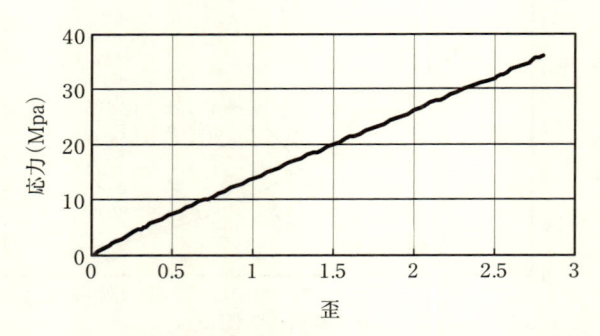

図-5.3.17　静的実験による従来工法煉瓦の応力－歪曲線

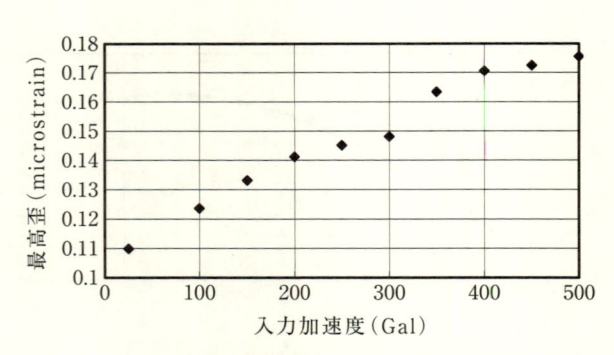

図-5.3.18　従来工法の煉瓦の歪

図-5.3.19に示します。この原因は，おそらく構築中もしくは最初の振動時に生じた，初期亀裂が振動によって生長するためであると思われます。一度加振した後の一連の実験において，振動数は平均で約2％低下していますが，これはとくに大きな値ではありません。しかし小さいながらもこの振動数の低下もまたプレストレスの減少により説明することができます。繰り返し加振させた場合の固有振動数の低下は，ボルトの加熱によるものである可能性が指摘できます。鉄および粘土煉瓦の熱膨張係数(**表-5.3.8**参照)は，倍以上異なります。SRB-DUP構造の剛性に関する山口の公式[62]によって計算すると，2％の振動数の低下はボルトの約20℃の温度変化により起きうることがわかりました。

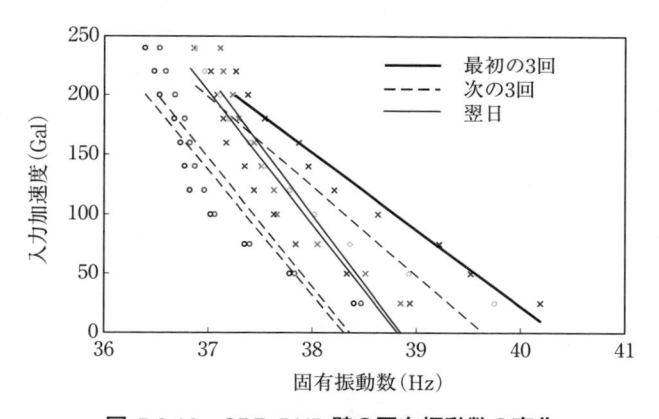

図-5.3.19　SRB-DUP壁の固有振動数の変化

表-5.3.8　材料の熱特性[63]

材　料	熱膨張係数(平均), 10^{-6}/C
粘土煉瓦	6.5
建材スチール	14
コンクリート	10.5

　振動実験で生じた損傷は，固有振動数の変化だけでなく試験体に生じた亀裂の目視でも検出しました。各加速度レベルにおける加振のたびに，亀裂は正確に記録されました。一例を**図-5.3.20**に示します。

　固有振動数に目だった低下が現れた場合，それは亀裂発生を意味している可能

SRB-DUP

従来工法壁(高い)

従来工法壁(低い)

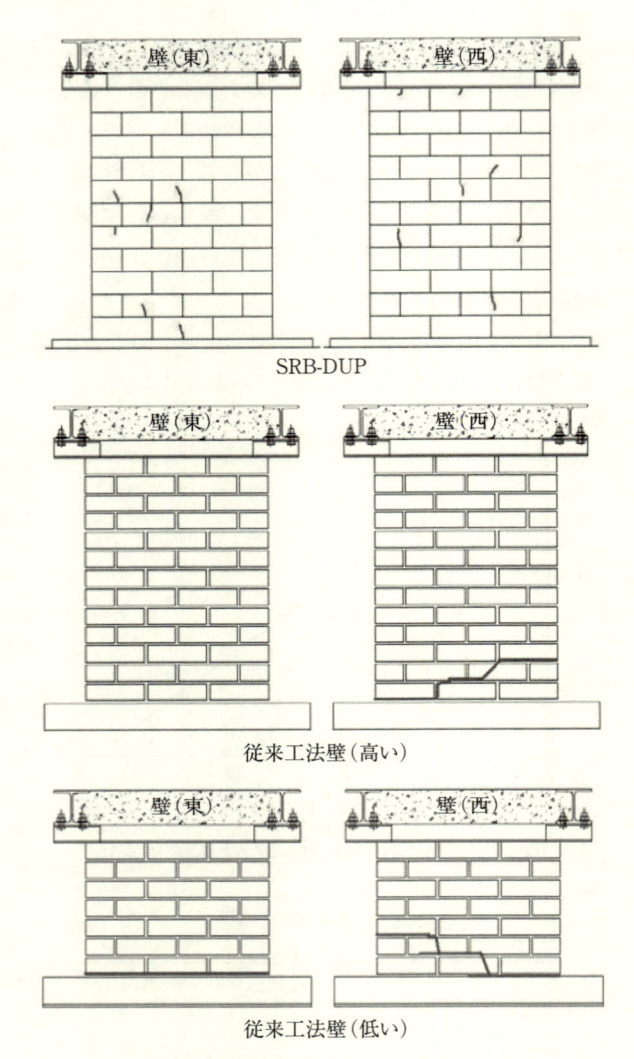

図-5.3.20 加振後の亀裂パターン

性があります。実際，上述の固有周波数低下の理由は，裸眼で観測できないほどの微小亀裂の生長であるかもしれません。例えば，高さの低い従来工法壁の試験体の場合，平行壁の片方において最初の目視可能な亀裂が生じた後，その固有振動数は低下し，2つの特徴的ピークが 41 Hz および 47 Hz に生じました。そのスペクトル比を**図-5.3.21** に示します。亀裂が発生する以前には，スペクトル比に

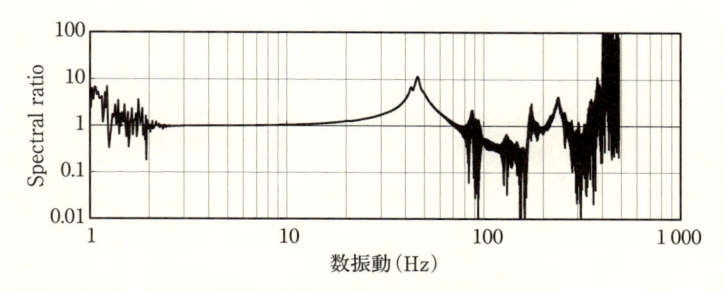

図-5.3.21　亀裂後の伝送関数

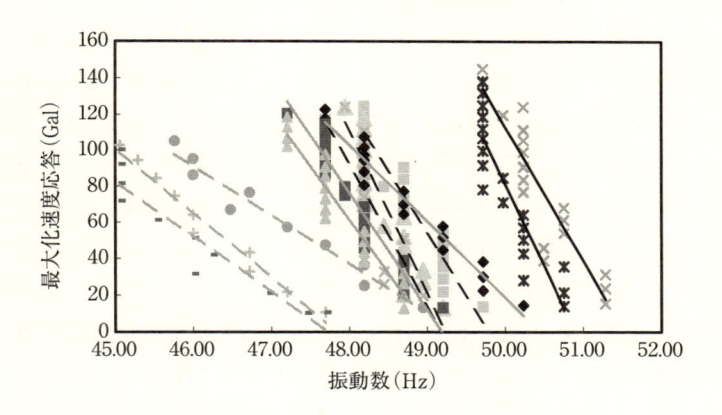

——— 試料1（新しい材料），トルク 17.7 kN
‥‥‥ 試料2（煉瓦およびスチール部品の再利用），トルク 22 kN
——— 試料3（煉瓦およびスチール部品の二度目の再利用），トルク 26 kN
‥‥‥ 試料4（煉瓦は再利用、スチール部品は新品），トルク 18.8 kN

図-5.3.22　再利用材料を用いた試験体の固有振動数と入力加速度レベルとの対応

おけるピークは**図-5.3.12**最下段に示したように55 Hzに1つだけでした。高さの低い従来工法壁の試験体の場合，最初の明瞭な亀裂は300 Gal加振時に発生し，500 Gal加振時には亀裂が下部で水平に連続して完全に破壊状態になりました。一方，高い壁は同様の破壊状態に260 Galで到達しました。

これまでにも指摘されているように，従来工法の煉瓦組積試験体における亀裂の原因はせん断応力に対する低い耐性であり，亀裂は主に従来工法の煉瓦組積の最も弱い箇所である煉瓦とモルタルの境界で生じました。

これに対してSRB-DUP工法壁体の場合には，試験体を構築する際プレストレ

スを与える（ボルトを規定トルクで締め上げる）段階で，いくつかの亀裂が煉瓦に（主に煉瓦の中央部分に）生じます。これは，煉瓦の高さが完全に同一ではなく，多少不陸が生じているところに上からプレストレスを導入するからです。したがって他の亀裂の大半は，最初の振動中に発生しますが，それは加振によって亀裂がよく目に見えるようになるためであって，実際にはこれらの亀裂は作成過程でつくられていたと考えられます。しかし，加振レベルを上げていくと，高いSRP-DUP壁体の場合，初期には生じていなかった亀裂の発生が 300 Gal レベルの加振中に発生しはじめるのが観測されました。

　前述の通り，SRB-DUP はリユース性の高い工法ですが，リユースした場合に性能低下を招いたのでは安全性が確保できません。そこで我々は試験体を新しい材料を用いてつくった場合と一度振動を加えた後，一度もしくは二度再利用した材料でそれぞれ構築した場合の特性を比較しました。**図-5.3.22** には新品の部材で構成した試験体と再利用した試験体の加振レベルによる振動数の変化を示します。その結果，まず再利用を重ねるたびに，同じプレストレスを導入するのにより強いトルクが必要となることがわかりました。これは，ボルトおよびナットが，少しずつではあるが劣化するためだと考えられます。また固有振動数は，二度目の再利用でもわずかに約 3.5％しか低下しないことがわかりました。

　再利用する際には亀裂がある煉瓦は新しいものと取り替えられました。結果として約 86％の煉瓦が再利用できました。前述の通り，亀裂の大半は構築時と最初の振動の際に発生し，それは煉瓦の不完全な形状（高さの不揃い）によるものです。このため，より高精度な形状の煉瓦では，より多くの煉瓦を再利用できると考えられます。ただし，その場合でも入力レベルが 300 Gal を越えたときには振動による亀裂煉瓦が発生すると推定されます。

　最後に，試験体に対して一切加振しないでそのままの状態で微小な振動で揺れている状態を計測する微動測定の結果を示します。微動計測は実験の前と後で行われ，加振した場合の計測結果とほぼ一致した結果が得られました（**表-5.3.9**）。これにより弾性時の特性は加振をしなくても微動計測で十分把握できることがわかりました。

　また，微動測定は前節に示した福岡市アイランドシティに建てられた SRB-DUP 構造の実験棟でも行われ，固有振動数が測定されました（**表-5.3.10**）。この結果から固有振動数が約 7〜8 Hz である通常の木造家屋に比べて，SRB-DUP 煉

表-5.3.9 微動測定により得られた固有振動数

試験体	固有振動数Hz	
	面内	面外
従来工法（高い）	34	15
従来工法（低い）	49/54	26
SRB-DUP（高い）	41	13
SRB-DUP（低い）	64	28

表-5.3.10 アイランドシティ実験棟の固有振動数

モード次数	振動数	方向
1	12Hz	NS
2	40Hz	NS
1	10Hz	EW
2	28Hz	EW

瓦組積造の住家は約2倍の剛性があるものと推測されます。

　以上，SRB-DUP煉瓦壁および従来工法モルタル煉瓦壁の面内振動特性を実験的に明らかにしてきました。SRP-DUP煉瓦壁は従来工法煉瓦壁より，剛性が高く，非線形挙動も少なく，大入力に対しても崩壊することなく，再利用しても剛性低下は少なく特性が大きく変化しないことが判明しました。このようにSRB-DUP煉瓦壁は耐震性および耐久性の観点で高い性能を有していることが動的な実験でも確認されました。

5.3.4 SRB-DUP構造壁体の振動実験（シリーズ2）

　次に，数値シミュレーションのために小振動台上の実験結果を平均化してターゲット特性を求めるとともに，より大規模な振動台を借用してより大きな入力レベルに対する11層および16層の壁体の振動実験も実施しました。これをシリーズ2と名づけます。

　試験体の材料と観測のセットアップはシリーズ1と同じです。ただし大規模振動台を用いた場合には積載荷重に余裕があるので215 kgのコンクリート板の上に，100 kgまたは435 kgの追加荷重を載せ，総荷重を315 kgまたは650 kgに変

化させました。よって載荷重量は 215 kg, 315 kg, または 650 kg のいずれかです。

シリーズ1と同様な処理を行って得られた固有振動数と減衰定数を**表-5.3.11**に示します。なお大規模振動台では大きな加振力が出せるので，入力加速度レベルを $1\,m/s^2$(100 Gal) から $10\,m/s^2$(1 000 Gal) まで徐々に増加して繰り返し実験を行いました。また大規模振動台での実験では1995年兵庫県南部地震の際に神戸海洋気象台(JMA神戸)で記録したNS成分記録を $2\,m/s^2$, $4\,m/s^2$, および $8\,m/s^2$ にスケールした加速度波形を入力して実験しました。

表-5.3.11　固有振動数および減衰係数 SRB-DUP 煉瓦組積材料の特性

試　料	固有振動数, Hz		減衰係数
	面内	面外	
6層（荷重215kg）	74	31	0.023
6層（荷重315kg）	69	27	0.027
11層（荷重215kg）	51	15	0.022
11層（荷重315kg）	43	13	0.024
11層（荷重650kg）	21/29	—	—
16層（荷重650kg）	16/21	—	0.012

シリーズ1で見てきたように，固有振動数は入力レベルの増大とともに低下します。その原因の一つは煉瓦における微小亀裂の発生と推測されることはすでに述べた通りです。また，より大きな力が加えられると，プレストレスを導入しているボルトが伸びてプレストレスの減少を引き起こし，ひいては壁の剛性低下をもたらすと考えられます。そこでボルトの歪レベルがどの程度になっているかを観測しました。**図-5.3.23** には加振中にボルトで観測された最大歪の計測例を示します。図からわかるように，加速度 $10\,m/s^2$(1 000 Gal) の加振中でさえ，ボルトの歪レベルは降伏点から遠く離れていることがわかります。

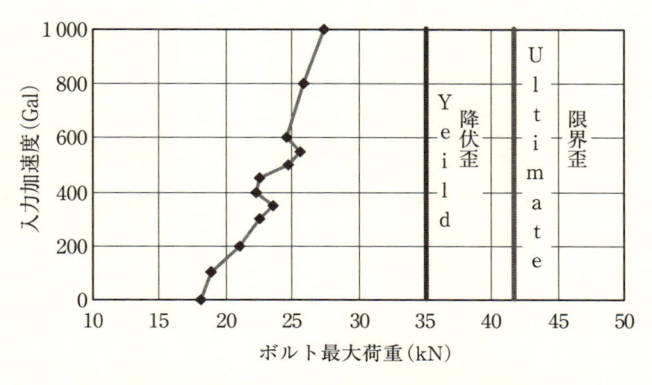

5.3 SRB-DUP構造の振動特性とシミュレーション

図-5.3.23　振動中のボルトの最大歪（16層試験体）

5.3.5 振動実験のミクロモデルによるシミュレーション

図-5.3.24に，壁試験体のモデルの例と煉瓦，スチール板＋ボルトの要素分割例を示します。スチール板は「面」要素として扱っています。薄板理論では，変形の状態を1つの物理量で表現できますから，プレートの中央の面の水平変位でその運動を表現することがSRB-DUPプレートでは最適です。SRB-DUP組積壁の

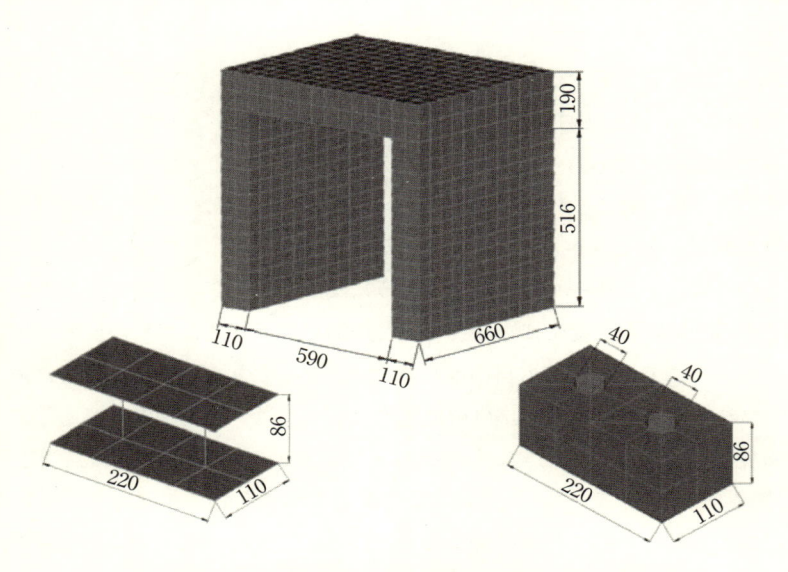

図-5.3.24　6層壁のモデルと煉瓦，板，ボルト要素

モデル化においてはしかし，スチール板を実際の大きさ（煉瓦と同じ大きさ）の短い要素としてモデル化して解析した場合，解析時間がより長くかかることがわかりました。そこで簡単にするため，壁のモデル化に際してはスチール板は各層ごとに1枚の連続的な板として扱うことにしました。この単純化は，連続的なスチール板を用いたSRB-DUP壁と，連続的でない（細かく分割された）板を用いた壁を用いた，準静的実験の結果が著しく異ならなかったこと[35]からも妥当だと考えられます。

解析には汎用FEM解析コード「ADINA」を用いました。我々は，ボルトを「梁」要素として扱い，それに実験と同じく7kNの初期プレストレスを加えます。実際の壁では，低層部のボルトのプレストレスは，上層にプレストレスが加えられると増加することがわかっています[35]が，今回は，この低層部におけるプレストレスの増加は考慮されていません。観測でも明らかなように，モール・クーロン(Mohr-Coulomb)の静止摩擦力の条件では，7kNであっても15kNであっても，層間のすべりは相当大きなせん断力が働かないと発生しませんし，小さめに評価しているわけなので，この低層部でのプレストレスの影響は安全側の降伏耐力を与える仮定だと考えられます。

スチール板およびボルト要素のスチール材についてはバイリニアモデルを用いました。

煉瓦は3次元立体8ノードで，ADINAでいうところの「コンクリート」型，すなわち比較的小さい主引張り応力で引張り破壊し，比較的高い圧縮応力で圧縮破壊する，単純非線形応力-歪関係を持つ要素として扱いました。煉瓦のような脆性材料によく見られる軟化（剛性低下）は，使用を試みましたがその領域に入った際の解の収束の難しさから考慮しないこととしました。

煉瓦の各層も，スチール板の場合のように横方向に1つの連続体として扱うことができると解析が大変楽になりますが，個別のストレスの変化が反映できなくなります。ここでは少しでも自由度を減らすため，2つの隣接する煉瓦のノードがカップリングされています。亀裂の発生とすべりはジョイント＝煉瓦とスチール板の境界に集中して発生するものとし，煉瓦と板の界面の扱いでは，ADINAの「接触界面」要素とモール・クーロン条件により求められる相互作用関係式が用いられました。その際の静摩擦係数としては0.3を仮定しています。なおここで煉瓦の初期亀裂がモデルでは無視され，すべての煉瓦の平均プレストレスが7kN

以上と仮定していることに留意すべきです。

表-5.3.12には解析に用い材料定数を一覧にして示しました。これらは5.3節の冒頭で解説した要素の室内試験結果に基づいて設定したものです。

表-5.3.12　計算に用いた要素の諸特性

特性	圧縮強度(Mpa)	降伏応力(Mpa)	引張強度(Mpa)	弾性係数(Mpa)	降伏歪(μ)	ポワソン比
煉瓦	27	—	6.21	8 000	—	0.14
スチール板	—	273.7	369.6	195 000	—	—
スチールボルト	—	435.7	521.4	208 000	0.0021	—

亀裂の発生を考慮しない，1次および2次固有振動数で観測された減衰と一致するように計算された，レイリー減衰係数を用いて，直接積分法による時刻歴FEM応答解析を実行し，得られた計算波から伝達関数を計算しました。実験結果および有限要素解析により求められた，試験体壁の固有振動数を比較します。**表-5.3.13**より，このモデルは主要な動的性質の一つである固有振動数をよく再現できることがわかります。とくに6層の場合，よく一致しています。他のモデルでは，ADINAモデルは，実験値と比べて若干高めの値を与えています。この原因として，モデルでは接触部分が静的摩擦として事実上固定されているように扱われていますが，実際には層の間で小さいすべりが起きている可能性があげられます。このため，さらなるモデルの改良が必要だといえますが，実用上十分な精度が得られています。

表-5.3.13には，山口の式[35), 48)]で求められる剛性より計算された固有振動数も

表-5.3.13　固有振動数(Hz)の比較

試料	実験値	有限要素解析	山口の式
6層（荷重215kg）	74	73	81
6層（荷重315kg）	69	67	71
11層（荷重215kg）	51	55	42
11層（荷重315kg）	43	49	38
11層（荷重650kg）	21/29	30	29
16層（荷重650kg）	16/21	21	18

示してあります。この公式は，壁断面における平衡から導出され，

$$\theta = \left(\frac{Ah^2}{3EI} + \frac{1}{G}\right)\tau$$

と表されます。ここで，θ：ずれ角度，τ：せん断応力，A：実効断面積，h：壁の高さ，G：せん断弾性係数，$EI = E_s I_s + E_b I_b$：壁断面の中立軸まわりのボルトおよび煉瓦の曲げ剛性です。Yamaguchi の式は数値解析に立脚したものではないですが，振動台実験値との比較のためにここに示しておきました。この半解析的評価式は，SRB-DUP 壁の剛性を把握するための最も簡便な方法といえます。

モデルの妥当性を検証するために，試験中に測定されたボルトの最大応力を，解析で求めた最大応力と比較しました。例えば，11 層の壁試料に 2 m/s² の振動を加えた場合，第 1 層のボルトにおけるプレストレスの最大増加は 0.85 kN でしたが，有限要素解析ではこの値は 1.0 kN と得られました。同じ振動を 16 層の壁試料に加えた場合，プレストレスの増加は 1.8 kN でしたが，解析結果はほぼ等しい 2.0 kN と得られています。以上のように，数値モデルはボルトの応力レベルも比較的精度よく与えることができることがわかりました。

さらに同様のモデルの静的非線形挙動のシミュレーション能力を検証するため，静的増分載荷実験の再現を試みました。**図-5.3.25** に 32 層 SRB-DUP 壁体の静的実験結果[63]を有限要素解析で再現したものを図示します。ここで煉瓦－ス

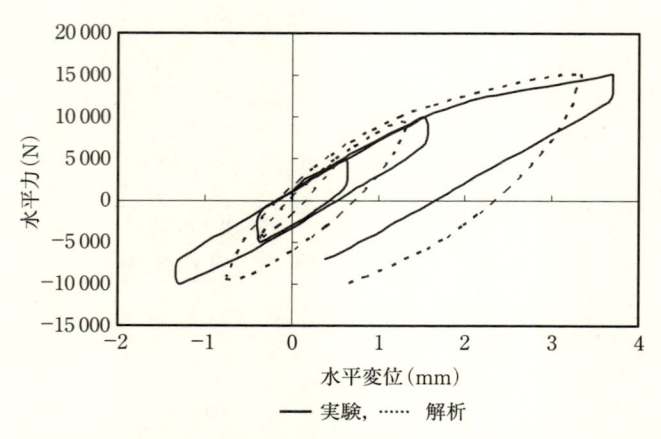

図-5.3.25　水平力-変位曲線（最初の 3 サイクル）

チール板間の静的（ϕ_{static}）および動的（$\phi_{dynamic}$）摩擦係数は，実験結果に合うように試行錯誤によって，ϕ_{static} = 0.3 および $\phi_{dynamic}$ = 0.9 と決定しています．

5.3.6 振動特性とシミュレーションのまとめ

　以上のように，SRB-DUP壁要素の実験結果を有限要素法でシミュレーションする試みはかなりの成功を収め，その特性はミクロモデルでよく再現できることがわかりました．しかし個別の要素単位に厳密な数値モデルを用いたミクロモデル有限要素解析は計算速度および必要メモリーとも計算機に対する負荷がかなり大きくなりますのでそれが欠点といえば欠点で，大規模な構造物をモデル化する場合にはサブストラクチャー法などを用いて工夫する必要があります．しかし，このような構成要素のそれぞれの挙動に忠実なモデル化をすることは，ここで示した乾式煉瓦造だけでなく，あらゆるSRB-DUP構造に対する大きな地震入力に対する動的応答を求めるのに有効な方法であるといえます．今後はこれら試験体壁レベルで検証されたモデル化手法を実大構造物のシミュレーションに用いてその地震時挙動を明らかにしていきたいと思います．

5.4 木造リユース構造

5.4.1 木構造への応用の基本的考え方

　地球環境負荷低減およびCO_2の排出抑制の観点から木材は建築材料として最適な材料といえます．すなわち，腐朽と火災を防ぐことができればCO_2は固定化されたままそこに温存されるからであり，また適切に管理すれば再生可能な資源であるからです．地震国の我が国においては耐震安全性は不可欠であり，従来のものと比べて耐震性に少しでも劣るものを普及させることは困難ですし，望ましいことではありません．この耐震性を確保するという点においては，木組みを活用した伝統木質構造が参考になります．それは柔らかい，いい換えると剛性が低い振動特性にもかかわらず，相当程度の高い耐震性能が確保されていることがわかっています．とくに五重塔は従来から耐震性が高いといわれており，多くの研究がなされてきました．最近，伝統建築の木組みに着目した実験的研究により，それは多数の接合部において木組みがもたらす高い変形能力と減衰性能を有

するからであるということがわかってきました[64]。

そこで我々は、この組み合わされた木質ブロックが相互に影響しあう伝統建築の振動特性を生かして、大きな変形能力と減衰能力を確保し、しかも高度にリユース可能な新しい木造構法を開発するため、**図-5.4.1**に示したような木質ブロック柱を構築し振動台実験を行いました[65]。この節の目的は、この柱の耐震性能を調べ、その新たな構造用の木造柱としての可能性を探ることです。もしもこの構造が高い耐震性を有しているのであれば、これを広く応用することによって、新しいリユース性の高い木造工法を開発できると考えて、まずプレストレス結合木質ブロック構造による柱の検討から始めました。SRB-DUP構造と同様に横長の木質ブロックを使ってプレストレスを導入する方法も考えられますが、基本的に木質構造はそのフレームによって空間を形成するところによさがあることから、まず柱に対して適用を試みてみました。

試験体全体構造　　試験体A　　試験体B　　試験体C　　試験体D
柱

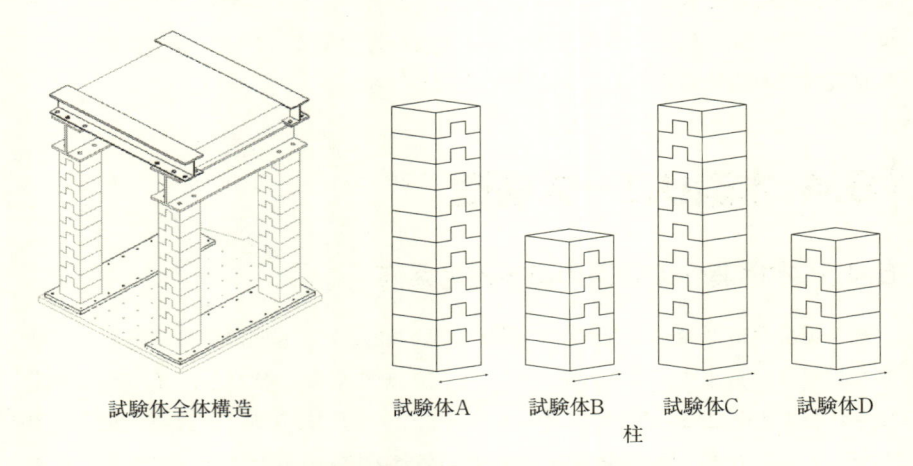

図-5.4.1　試験体およびその柱の概略図

5.4.2 試験体と実験の概要

4つの試験体で実験を行った(**図-5.4.1**)。試験体の名前はそれぞれ左から「試験体A」、「試験体B」、「試験体C」、「試験体D」と名づけます。個々のブロックは「150 × 150 × 100 mm」で、それを10段積んだ高さ1mの試験体(AとC)と、同じブロックを5段積んだ試験体(BとD)を設定しました。各ブロックは、最上部

と最下部のブロック以外は，かみ合わせのために直線状のほぞ 50 × 150 mm をそれぞれ上面・下面ともに切ってあります。こうして組み上げた柱としての試験体の断面サイズと長さは A と C では「150 × 150 × 1 000 mm^3」，B と D では「150 × 150 × 500 mm^3」となります。なお図の矢印方向は加振方向です。したがって，試験体 A と C，B と D とは単に設置の向きが異なるだけということになります。

各ブロックには，四隅に穴が開いており，そこにそれぞれ一本ずつボルトを通してプレストレスをかけていきます。1つの試験体にプレストレスをそれぞれ柱の中のボルト一本につき 0N，500N，2 500N，5 000N，7 500N，10 000N，12 500N と順番にかえて実験を行いました。各実験ではプレストレスを変化させる度に，まず試験体の微動観測（加振なしの自然状態での微小な振動の計測）を行った後，試験体を最大加速度振幅レベル 300 Gal で加振しました。ただし，プレストレス 0N の場合，すなわち組み上げただけの状態だけは，安全のため加振実験は行わず，微動観測のみ行いました。

微動観測と加振観測の結果から得た，導入プレストレスに対する全体システムの固有振動数の値を**表-5.4.1** および **表-5.4.2** に示します。

ここで固有振動数の求め方は 5.3 節の SRB-DUP 乾式煉瓦壁体の場合と同じで，スィープ加振した観測記録のフーリエ変換を求め，その上部観測記録のスペクトルを基礎観測記録のスペクトルで割って得られたスペクトル比のピークから求めています。なお一部の試験体では複数のピークが生じているのでそれぞれのピーク振動数を表示しています。これは柱剛性が異なることによると考えられます。

表-5.4.1　微動観測によるそれぞれの固有振動数

	試験体A		試験体B		試験体C			試験体D	
0N	3.5	5.0	8.3	11.1	3.6	4.8	5.5	8.4	12.9
500N	4.9	7.0		16.0	4.8		4.8	12.0	17.7
2 500N	7.5	10.9		23.6	7.8	10.3	12.3		24.9
5 000N	9.1	13.2		28.1	9.3	12.3	14.6	42.3	29.4
7 500N	10.2	14.8		30.3	10.4	13.5	16.2	21.5	31.3
10 000N	10.6	15.9		32.7	11.5	14.6	17.7		33.4
12 500N		16.7		33.6			15.1		35.3

（単位：Hz）

5.4.3 剛性評価

表-5.4.2　加振観測によるそれぞれの固有振動数

	試験体A	試験体B	試験体C			試験体D	
500N	4.6	10.1	3.9	5.0		11.0	
2 500N	8.4	18.9	6.1	7.9		19.8	
5 000N	11.2	24.3	7.7	10.1	11.9		25.1
7 500N	13.0	27.6	9.0	11.5	13.9	28.2	32.0
10 000N	14.3	30.2	12.7	15.5		29.9	33.8
12 500N	15.0	31.5	13.4	16.1		31.8	

（単位：Hz）

これらの表から，試験体の高さで振動数が変わること，プレストレスの導入量で振動数が大きく変わること，しかしそれは必ずしも導入プレストレスの値に比例するわけではないこと，ほぞの向きによる違いは少ないこと，複数のピークが生じる場合，その間の差がけっこう大きいことがわかります。

5.4.3 剛性評価

さて，得られた固有振動数の値を元に，この木質ブロックプレストレス緊結工法の柱の剛性を求めてみましょう。1自由度系に置換した場合の柱の等価な剛性は，次の式で表されると考えられます[66]。

　　　（剛性）＝（質量）×（2×π×固有振動数）^{2}

表-5.4.1 および **表-5.4.2** の観測された固有振動数およびあらかじめ計測しておいたスラブ質量の値を用いて，上式から **表-5.4.3**，**表-5.4.4** にそれぞれのプレス

表-5.4.3　微動観測による試験体の剛性

	試験体A		試験体B		1式験体C			試験体D	
0N	140	290	820	1 500	150	270	360	840	2 000
500N	280	590		3 020	270		640	1 700	3 700
2 500N	670	1 400		6 600	720	1 200	1 800		7 300
5 000N	990	2 100		9 400	1 000	1 800	2 500	10 000	21 000
7 500N	1 200	2 600		11 000	1 300	2 200	3 100	5 500	12 000
10 000N	1 300	3 000		12 000	1 600	2 500	3 700		13 000
12 500N		3 300		13 000			2 700		15 000

（単位：kN/m）

表-5.4.4　加振観測による試験体の剛性

	試験体A	試験体B	試験体C		試験体D
500N	250	1 200	180	290	1 400
2 500N	830	4 200	450	740	4 600
5 000N	1 500	7 000	700	1 200	1 700	7 500
7 500N	2 000	9 000	950	1 600	2 300	9 400	12 000
10 000N	2 400	11 000	1 900	2 800	10 600	13 600
12 500N	2 700	12 000	2 100	3 100	12 000

(単位：kN/m)

トレスに対する剛性を求めてみました。

さらに，前出の表の値からプレストレスの関数として線形関係を仮定した近似式を用いて平均的な剛性の値を算出しています。その値を**表-5.4.5**，**表-5.4.6**に

表-5.4.5　微動観測における回帰式を用いて表された試験体の平均的な剛性

	試験体A	試験体B	試験体C	試験体D
0N	350	2 500	500	3 600
500N	450	3 000	600	4 100
2 500N	870	5 000	1 000	6 200
5 000N	1 400	7 500	1 600	8 700
7 500N	1 900	10 000	2 100	11 000
10 000N	2 400	13 000	2 600	14 000
12 500N	3 000	15 000	3 200	17 000

(単位：kN/m)

表-5.4.6　加振観測における回帰式を用いて表された試験体の平均的な剛性

	試験体A	試験体B	試験体C	試験体D
500N	430	2 200	230	2 800
2 500N	830	4 000	640	4 700
5 000N	1 300	6 200	1 200	7 100
7 500N	1 800	8 300	1 700	9 400
10 000N	2 400	11 000	2 200	12 000
12 500N	2 800	13 000	2 700	14 000

(単位：kN/m)

示しました。

　ここで田中の提案している剛性評価法[67]を用いて，片側ブレースを入れた筋交い耐力壁を試験体Ａと試験体Ｃの高さ(1m)に合わせ，そのせん断初期剛性を求めました。その値を下の**表**-5.4.7に示します。なお，柱間隔は実験同様70cmとして計算しました。

　これと今回の試験体(高さ１ｍの試験体ＡもしくはＣ)の平均的な剛性(**表**-5.4.6)とを比較すると，10 000Nのプレストレスを導入すればホールダウン金物つきのフレームと同等以上のせん断初期剛性が得られることがわかりました。

表-5.4.7　既存の木質構造物の１フレームにおける初期剛性推定値

接合形式	接合の想定	初期剛性
短ほぞ＋金物	筋かいプレート	2 100
	釘接合	1 300
長ほぞ	筋かいプレート	2 200
	釘接合	1 300
長ほぞ＋金物	筋かいプレート	2 200
	釘接合	1 300
ホールダウン金物	筋かいプレート	2 200
	釘接合	1 300

(単位：kN/m)

5.4.4　ブロック間の減衰付加装置についての実験

　伝統木造構法や木質ブロック構造ではブロック間の接触部分が多く，そのブロック間での摩擦が多くのエネルギー吸収に寄与していると考えられます。そこでここではそのブロック間の減衰を増大させるような減衰付加装置について実験を行いました。その減衰付加物質として，ゴムを用いることを考えました。

　まず，初めにその材料特性を把握するためゴム自体の載荷実験を行いました。実験にはゴムロール(黒天然ゴム)，シリコンゴム，プロセブンゴムの３種類のゴムを用い，おのおの２回ずつの実験を行いました。結果を**図**-5.4.2に示します。

　実験の結果わかったことは，プロセブンゴム，シリコンゴム，ゴムロールの順でかたいということです。我々は，木質ブロック柱のブロック間に入れる材料

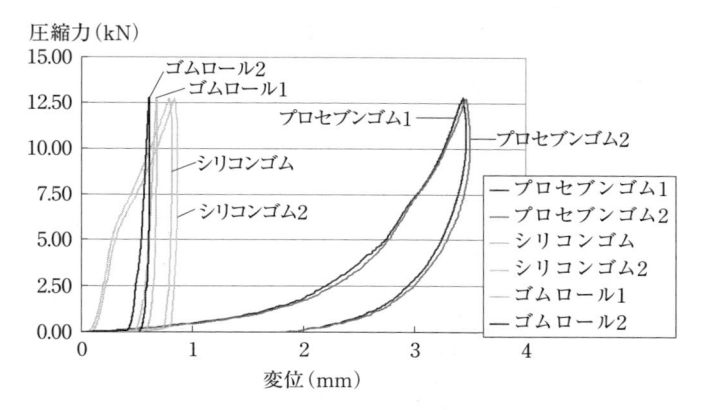

図-5.4.2　ゴムの載荷実験の実験結果

（ゴム）として，一番柔らかいプロセブンゴムを選択して以下の実験を行いました。このプロセブンゴムは地震時にテレビやパソコンなどを飛ばなくするのに市販されているものです。

続いて，新たな2つの木質ブロック柱の振動実験を行いました。従来の実験では，150×150×100 mmの木のブロックを積んだもので構成し，これを10段積んだ柱で，最上部と最下部以外はかみ合わせのために直線状のほぞ50×150 mmを上と下に切ったものを用いました。また，その柱の四隅に鉄筋を通し，鉄筋1本あたりプレストレスを0 N，500 N，2 500 N，5 000 N，7 500 N，10 000 N，12 500 Nと加えて振動実験を行いました。つまり，柱1本につき，それぞれ上記の4倍の0 N，2 kN，10 kN，20 kN，30 kN，40 kN，50 kNのプレストレスを与えていたことになります。

新しいモデルの柱には，まったく同じブロックを用いて，そのほぞの間にゴムを入れたものと，150×150×100 mmのほぞのないブロックを積んだ柱の振動実験を行いました。**表-5.4.8**に実験で使用するプロセブンゴムの変位に対するゴムの反発力を示しておきます。

この結果を用いて，ブロック間の隙間（ほぞの部分）にプロセブンゴムを入れた場合，0 mmから5 mmまで0.5 mmずつ変化させた時，木が負担するプレストレスを算出し，そこからほぞの隙間を決定しました。**表-5.4.9**にほぞの隙間に対して木にかかる圧縮力を示します。

この結果からほぞの隙間を2 mmとし，新たなモデルの柱の振動実験を行いま

表-5.4.8　ゴムの変位に対する反発力

ゴムの変位（mm）	反発力
0mm	0kN
0.5mm	0.32kN
1mm	1.02kN
1.5mm	1.78kN
2mm	3.54kN
2.5mm	7.26kN
3mm	14.24kN
3.5mm	27.28kN
4mm	53.46kN

表-5.4.9　ほぞの隙間に対して木にかかる圧縮力

隙間	木にかかる圧縮力					
5mm	2kN	10kN	20kN	30kN	40kN	50kN
4.5mm	1.68kN	9.68kN	19.68kN	29.68kN	39.68kN	49.68kN
4mm	0.98kN	8.98kN	18.98kN	28.98kN	38.98kN	48.98kN
3.5mm	0.22kN	8.22kN	18.22kN	28.22kN	38.22kN	48.22kN
3mm	0kN	6.46kN	16.46kN	26.46kN	36.46kN	4646kN
2.5mm	0kN	2.74kN	12.74kN	22.74kN	32.74kN	42.74kN
2mm	0kN	0kN	5.76kN	15.76kN	25.76kN	35.76kN
1.5mm	0kN	0kN	0kN	2.72kN	12.72kN	22.72kN
1mm	0kN	0kN	0kN	0kN	0kN	0kN

した。図-5.4.3は，今までに実験を行った柱の立体図を示していますが，図の左側2つが以前行った柱，右側2つが新しい柱になります。

　これら4つの実験結果を比較してみます。表-5.4.10に加振観測の結果における各モデルの柱の減衰率の値を示し，図-5.4.4に微動観測および加振観測の固有振動数から換算した剛性を示します。

　この表から減衰率は新しいモデル（ほぞなしのモデルとほぞありでゴムありのモデル）においても，以前同様プレストレスに依存しないということがわかります。ここで，加振方向_みぞ(ゴム有)と加振方向_みぞ(ゴム無)で比較した場合，

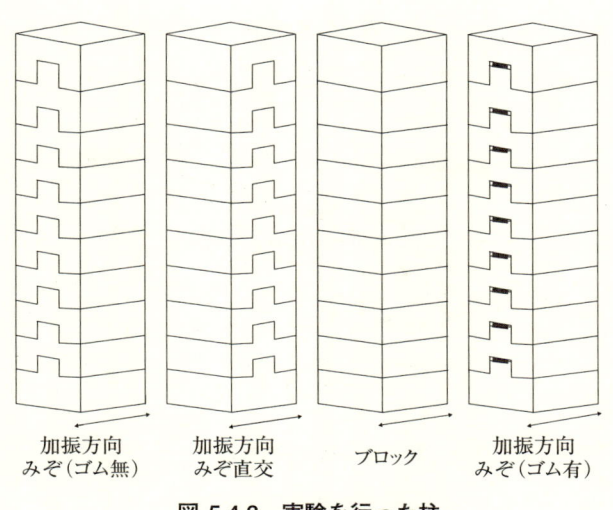

図-5.4.3　実験を行った柱

（左から）加振方向 みぞ（ゴム無）／加振方向 みぞ直交／ブロック／加振方向 みぞ（ゴム有）

表-5.4.10　実験を行った柱の減衰率

加振方向_ みぞ（ゴム無）	加振方向_ みぞ直交	ブロック	加振方向_ みぞ（ゴム有）
1.51%	3.16%	1.33%	12.12%
1.64%	1.33%	1.19%	1.27%
0.63%	1.44%	0.94%	1.18%
0.75%	1.56%	1.22%	0.93%
0.75%	1.52%	1.35%	0.99%
0.77%	1.38%	1.82%	1.12%

　ゴム有の方がわずかですが減衰率の高い値を示すことがわかります。しかし大きなプレストレスを導入する限りゴムによる減衰の付加効果は小さいといわざるを得ません。

　続いて剛性評価の結果ですが，シンボルで表されているのは実際の観測によって得られた結果で，直線で近似されたものは柱のプレストレスに対する平均的剛性（回帰値）を示しています。なお，水平な線で示されているのは，田中[67]の提案している剛性評価法による，高さ1mとした時の一般的な木質構造の建物の筋交い耐力壁のせん断初期剛性の値2 200 kN/mで，目標値として設定したものです。

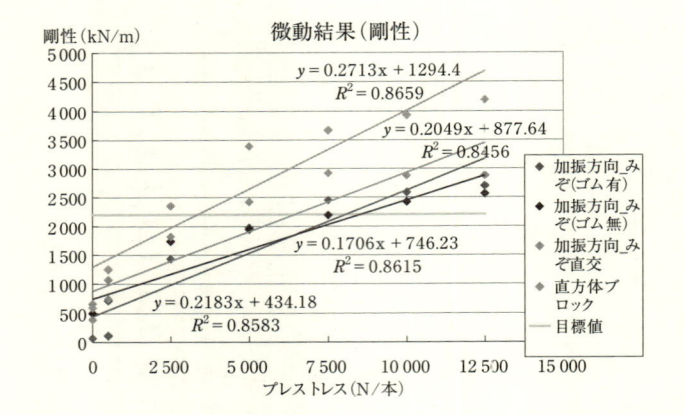

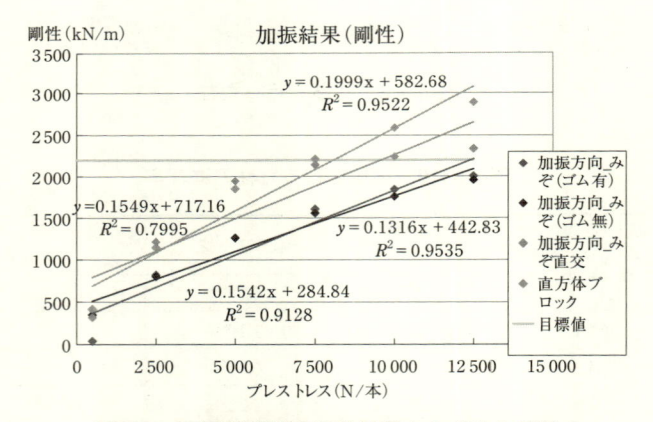

第❺章 循環型の建築構造システム

図-5.4.4 振動実験の実験結果から求めた剛性

この図より，一般的な筋交い耐力壁のせん断初期剛性と平均的剛性と比べると，微動で得られた結果ではプレストレスを鉄筋1本あたりに8 kNの導入，加振観測においてもプレストレスを13 kN導入すれば一般的な筋交い耐力壁のせん断初期剛性が得られることがわかります。

加振方向がみぞ方向(ゴム有)の場合の赤い線と加振方向がみぞ方向(ゴム無)の青い線を比べた場合，当然ゴム無のほうが剛性が大きい結果を示すだろうと想定したわけですが，実際にはゴム有のほうが剛性が大きいという結果が得られました。これは，ゴムの特徴である力を加えれば加えるほどかたくなる性質が働き，鉄筋1本あたりに10 kNものプレストレスを加えた時には，木材よりもかたく

なってそれが結果に寄与しているように思われます。

5.4.5 木造リユース構造のまとめ

ここに示した木質ブロックによるリユース構造についての研究で得られた主な知見をまとめると以下のようになります。

① 木質ブロック柱は，プレストレスをかければかけるほどフレームとしての固有振動数も高くなるという関係がえられました。また，微動の固有振動数の方が，振動台加振時の固有振動数よりも若干高い値を示していましたが，その差はおおむね1割以下で，微動による計測でもおおむね特性の推測は可能といえます。

② 微動観測結果，および加振観測結果のピーク振動数が，複数存在する場合がありました。これは4本の柱の剛性がそれぞれ異なり，試験体にねじれが生じているためだと考えられます。

③ 一般的な筋交い耐力壁の初期剛性と，今回行った実験の平均的な剛性を比べてみると，鉄筋1本当たり10 000 N以上のプレストレスを加えた場合には一般的な筋交い耐力壁の初期剛性推定値よりも高くなるので，実用にもちいることができると期待できます。

④ ほぞの存在はプレストレスをかけている限り大きな影響を及ぼさないことがわかりました。

⑤ ブロックの間に減衰性のあるゴムを挟んで減衰を増大させられないか検討したところ，プレストレスをかける際にゴムが縮むので，剛性は増大しても減衰を付加することは難しいことがわかりました。

5.5 高摩擦すべり接合による鋼構造

建築鋼構造のリユースマネジメントに関する取り組みについては5.1.10項で紹介しましたが，具体的なリユースを前提とした鉄骨骨組として，いくつかの構法が提案されています。吉岡智和（九州大学大学院芸術工学研究院准教授）らによって行われている「高摩擦すべり接合により鉄骨部材を連結した骨組構造」に関する研究もその一つです。

この研究では，リユースを前提とした鉄骨骨組を対象として，吉岡らが研究開

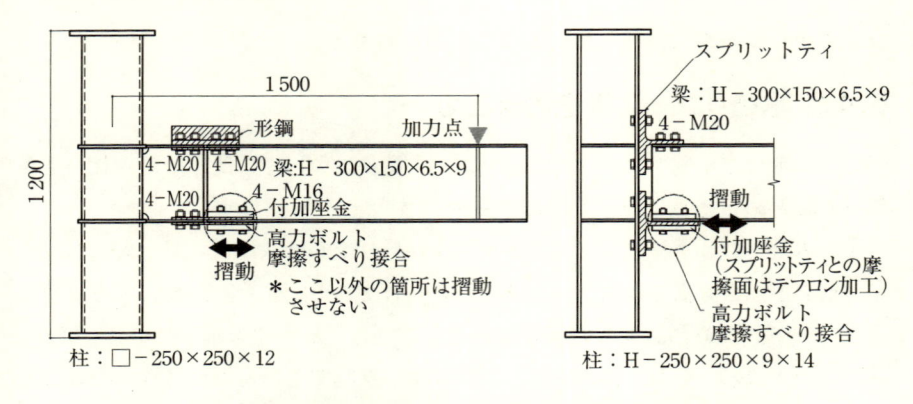

図-5.5.1 高摩擦すべり接合による鋼構造柱梁接合部試験体[68]

発を行っているA1000系アルミ板を挟んだ高力ボルト高摩擦すべり接合[68]を利用し，適用が容易で，かつ，より優れた耐震性能を有する柱梁接合部を開発することによって，循環型建築構造システムの確立を容易にすることが目指されています。

この研究で利用されている高摩擦すべり接合部では，0.8～1.0程度のすべり係数を累積すべり量150 mmまで保持し摺動することが期待でき，摺動に伴う損傷は挟まれたアルミ板のみに発生するようです。そのため，この接合を利用することで，① 部材同士の接合に必要なボルト本数を低減でき，② 取り替え可能な小型・高性能摩擦ダンパーを梁端に設置できるため大きな空間を占有せず，かつ③ 鋼材の塑性変形を利用する履歴ダンパーと異なり，繰り返し変形に伴う摩擦力の上昇がほとんどない摩擦ダンパーを用いるため，柱・梁部材の大地震時応答を弾性範囲に抑制する際にその断面を無駄なく有効に利用できる，という利点が得られるとしています。

この構造は，部材のリユースを行うために，① 大地震時でも柱，梁部材を塑性化させない，② 取り替え可能な地震入力エネルギー消費部材を取り付ける，③ 組立，解体を行うために部材同士を高力ボルト接合する，などの特徴を有しています。

5.6 方杖ダンパーを用いた高力ボルト接合システム

　前節の研究と同様に，建築鋼構造部材のリユースが可能な鉄骨骨組として提案されているものに，井上一朗（京都大学大学院工学研究科教授）らによる「方杖ダンパーを用いた高力ボルト接合システムによる高信頼性鋼構造建築」の実現に向けた取り組み[69]があります。

　角形鋼管柱・H形断面梁の溶接接合構造は，現在の中低層鋼構造建築物の主流となっています。このような構造骨組の耐震性能が接合部の性能に大きく依存していることは，1995年に発生した兵庫県南部地震のときの柱梁溶接接合部の被害状況からも明らかです。井上らは，接合部性能が安定して保証されることを目的として，方杖ダンパーを用いた高力ボルトによる柱梁接合工法の開発研究を進めてきています。

　従来の溶接接合構造では，溶接工の技量だけでなく検査にかかわる技能者の技量も製品の品質を左右します。一方で高力ボルトは大量工業生産品であり，品質のバラツキはきわめて小さいといえます。また，高力ボルト接合部の施工には特

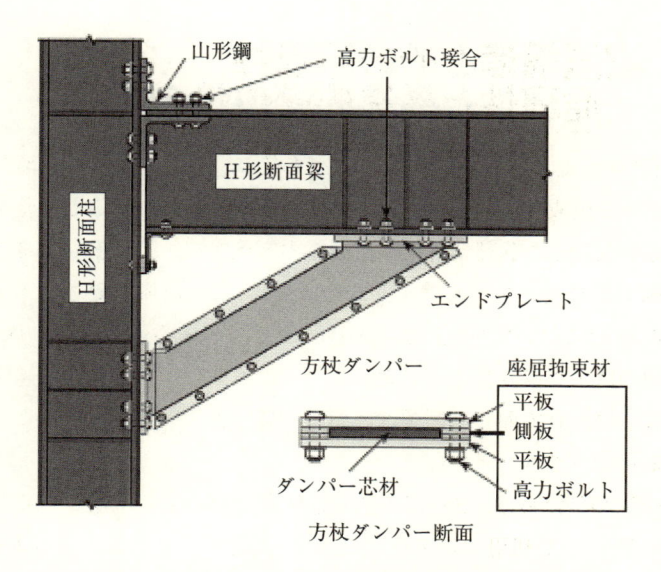

図-5.6.1　方杖ダンパーを用いた高力ボルト接合部[69]

殊な技能を必要としないので，工事の管理・監理の手間も溶接接合に比べると格段に少なくてすみます。

「方杖ダンパーを用いた高力ボルト接合システムによる鋼構造建築」は，柱梁接合部で溶接接合を行わず，方杖ダンパーを併用して高力ボルト接合を行うものです。この構造は，① 解体時のボルト取り外しが行えること，② 強震時に鉄骨の柱梁部材が弾性域にとどまることが期待できるため，強震を経験した後でも，方杖ダンパーのみを取り替えることで建築の継続的な利用が可能であること，③ 建物解体後，鉄骨の柱梁部材が損傷していないため再使用が可能であることなどが特徴です。

井上らが研究の対象としているのは，鋼構造建築物の大部分を占めている中低層小規模建築物です。中でも，間口1スパンのペンシルビルにも適用可能な構造として考案されたのがここで提案されている接合形式です。この構造では，高力ボルト接合が可能になるように，柱と梁にはどちらもH形鋼が使用されています。方杖ダンパーとは，座屈拘束ブレースの技術を応用したもので，大地震のときにはこのダンパーの芯材の塑性変形によってエネルギーを吸収し，柱と梁は弾性域に留めて損傷しないように設計が行われます。

5.7 凌震構造とその可能性
―循環性と構造的優位性の両立―

5.2.15項で述べたように，凌震構造は，異種の材料を接着しない構造原理に基づき，構造体の構成要素間に存在する隙間や接着していないことを積極的に利用して，耐力を保持した状態で部材の変形能力を確保し，高い振動エネルギー吸収能力を発揮する構造システムです。このことは，5.2.16項で述べたSRB-DUP構造実験棟の解析においても，SRB-DUP構造では構成要素が健全な状態のまま，構成要素間の微少な滑りによって地震動などのエネルギーが効果的に吸収されるという結果が得られており，循環性と構造的優位性を両立する構造として，今後の発展が期待できます。

山口（本書の著者）らは，SRB-DUP構造体を建物の主体構造として利用する以外に，制振壁として利用する方法[70]を新たに開発しました。この制振壁では，図-5.7.1に示すように，建物の主体構造が鉄骨ラーメン構造の場合，その梁位置

5.7 凌震構造とその可能性―循環性と構造的優位性の両立―

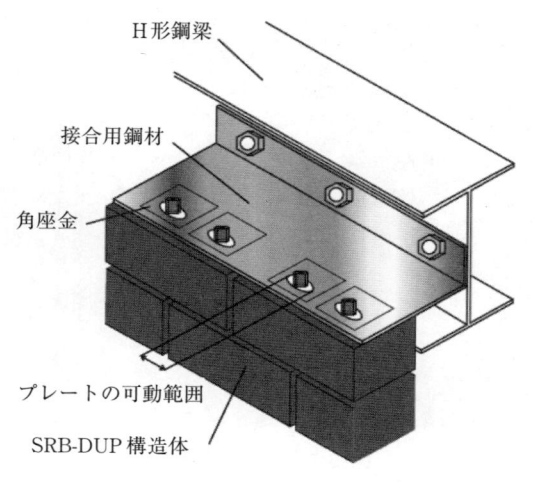

図-5.7.1　SRB-DUP 制振壁の概要

でSRB-DUP構造体を接合します。接合には鋼材を用い，ボルト接合としますが，SRB-DUP構造体を接合する接合用鋼材のボルト穴はSRB-DUP構造体の構面内方向に長穴としておきます。SRB-DUP構造体の自重以外の固定荷重および積載荷重，ならびに地震による慣性力等は鉄骨ラーメンに作用しますが，鉄骨ラーメンだけでは比較的剛性が低いため，より剛性の高いSRB-DUP構造体に水平力が伝達します。その水平力が接合用鋼材とSRB-DUP構造体のボルト接合による摩擦抵抗に達したとき，滑りが発生し，以降，鉄骨ラーメンと接合用鋼材は長穴の範囲で動摩擦抵抗を保持したまま滑り，外力のエネルギーを吸収します。一方，SRB-DUP構造体には滑り発生時の水平力を超える水平力は入力されないため，その損傷を最小限に抑えることができます。このとき，SRB-DUP構造体は摩擦ダンパーとして機能します。これをSRB-DUP制振壁と呼んでいます。この耐震補強方法は木造や鉄骨造などの比較的剛性の低い建物に有効で，SRB-DUP構造体は新築建物にはもちろん既存建物にも耐震補強効果のある外装材（制振壁）として適用可能と考えられます。

この研究ではSRB-DUP構造壁の一部を抽出し，壁体とその上部に取り付けた接合用鋼材の間で摩擦すべりを発生させる水平載荷実験を行いました。実験の状況を図-5.7.2に示します。加力は片振幅が10 mm, 20 mm, 30 mm, 20 mm, 10 mmで，振動数がそれぞれ1.0 Hz, 0.5 Hz, 0.33 Hz, 0.5 Hz, 1.0 Hzの正弦波を

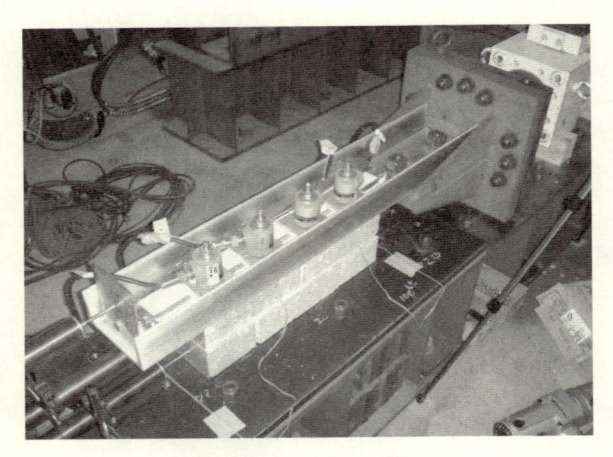

図-5.7.2　実験の状況

各5サイクルずつ，順に強制変位として与えました。一回の加力での総摺動距離（強制変位を与えた距離）は1 800 mmに及びます。試験体に与えた水平変位とそのときかかった水平荷重の関係を**図-5.7.3**に示します。与えたボルト張力が大きい(a)の場合には，試験体の水平抵抗力に段階的な変化が見られますが，ボルト張力が小さい(b)の場合には矩形に近い水平荷重－水平変位関係が得られています。

　このSRB-DUP制振壁を組み込んで設計し，2006年度に建設された九州大学伊都キャンパスの衛星通信実験棟(地上1階，高さ3.97m，主体構造：鉄骨ラーメン構造)を**図-5.7.4**に示します。この建物を対象として時刻歴応答解析を行いまし

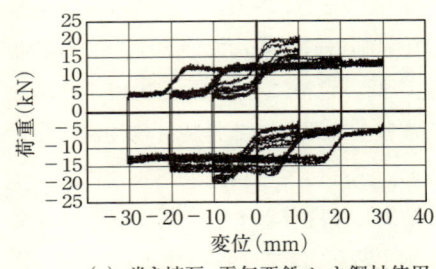

(a) 巻き煉瓦，電気亜鉛メッキ鋼材使用，ボルト張力8.0 kN/本

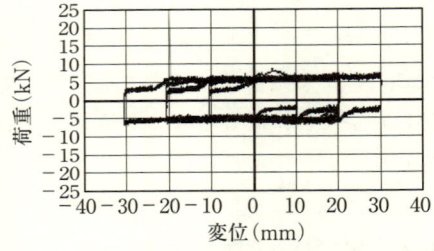

(b) 巻き煉瓦，電気亜鉛メッキ鋼材使用，ボルト張力4.0 kN/本

図-5.7.3　水平荷重－水平変位関係

5.7 凌震構造とその可能性—循環性と構造的優位性の両立—

図-5.7.4　九州大学衛星通信実験棟（SRB-DUP 制振壁利用）

た。また，比較モデルとして，SRB-DUP 構造体の代わりに非耐力壁として ALC パネルを用いた場合，ならびに SRB-DUP 構造体を非耐力壁として用いた場合についても同様に解析を行いました。解析手順としては，まず実験で得られた**図-5.7.3(b)**の水平荷重−水平変位関係をモデル化し，その性能を含む SRB-DUP 構造壁体および梁部材の復元力特性を用いて静的な弾塑性解析を行い，建物の層せん断力と層間変位の関係を求めました。その結果より建物の復元力特性をトリリニア型のスケルトンカーブにモデル化し，時刻歴応答解析を行って入力地震動に対する建物の応答を調べました。解析結果を**図-5.7.5**に示します。本解析では，SRB-DUP 構造体と鉄骨構造の躯体との接合部に比較的小さいボルト張力を与えた場合を想定していますが，このような場合でも SRB-DUP 制振壁の効果が明瞭に確認できます。

　この SRB-DUP 制振壁の考え方は，乾式工法によるコンクリート系の非構造壁などにも展開可能であり，現在はその研究が進められています。これらの技術は建築物の耐震性向上と建築材料のリユース性向上の両面に寄与する，まさに凌震構造を具現化するものといえます。

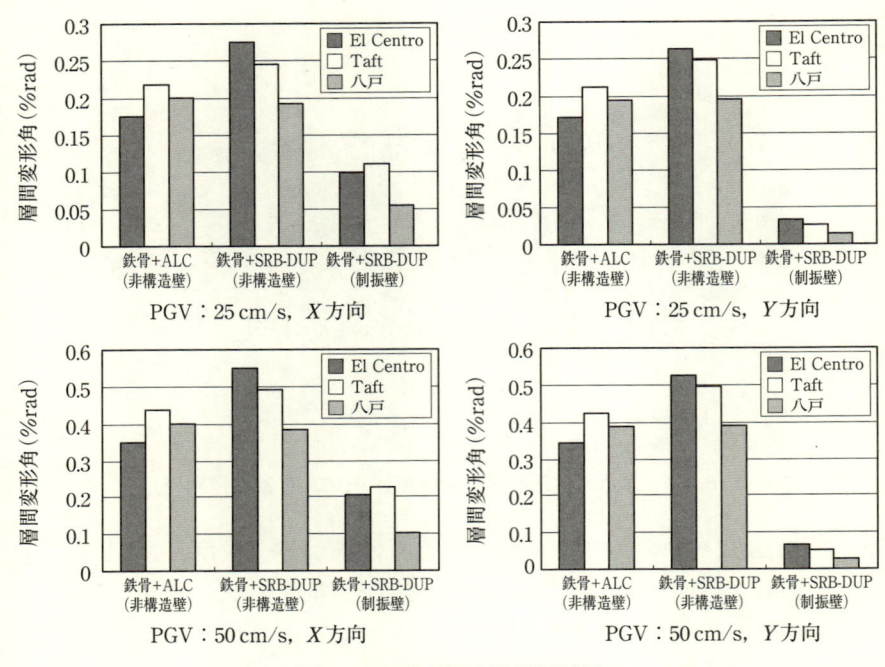

図-5.7.5　時刻歴応答解析結果

参考文献

1) 例えば，友澤史紀，横田紀男，野口貴文，本田優，高橋茂：完全リサイクルコンクリート（エココンクリート）の研究，日本建築学会大会学術講演梗概集，A，pp.341-342，1994.9
2) 鐵鋼スラグ協会：鉄鋼スラグとは，http：//www.slg.jp/slag/index.htm，visited November，2007
3) エルケム・ジャパン：マイクロシリカの製法，http：//www.elkem.co.jp/microsilica06.htm，visited November，2007
4) 日本フライアッシュ協会：石炭灰ができるしくみ，http：//www.japan-flyash.com/japan-fly-ash/sikumi.html，visited November，2007
5) 例えば，松藤泰典，小山智幸，山口謙太郎，小山田英弘，伊藤是清：持続可能な火力発電を実現するための電力産石炭灰の環境負荷低減処理システム，都市・建築学研究 九州大学大学院人間環境学研究院紀要，第2号，pp.57-68，2002.7
6) 飛島建設：リサイクル率92％達成，日刊工業新聞，経済を変えるエコロジー，2000.8.10
7) 尾島俊雄：S-PRH/W-PRH，新建築，住宅特集，pp.56-69，2001.6，https：//www.japan-architect.co.jp/japanese/2maga/jt/jt2001/jt06/t_frame.html，visited November，2007
8) 株式会社フジタ：生産性・コスト効果に優れた鉄骨構法「フジタ ノンウェルディング積層構法（FNW構法）」を実用化，プレスリリース，1999.5.20，http：//www.fujita.co.jp/release/R1999/1999_0520no.htm，visited November，2007
9) 積水化学工業：再築システムの家，http：//www.uru.sekisuiheim.com/saichiku/index html，visited November，2007

10) 山口県：山口きらら博の開催結果データ，http：//www.pref.yamaguchi.jp/gyosei/chiiki/expo/date/kekka.html，visited December，2004
11) 日経BP社：日経アーキテクチュア，2001.8.20号
12) プレハブ建築協会：プレハブ倶楽部，http：//www.purekyo.or.jp/，visited November，2007
13) プレハブ建築協会：プレハブ住宅の現況，http：//www.purekyo.or.jp/3-1.html，visited November，2007
14) プレハブ建築協会：環境配慮，http：//www.purekyo.or.jp/pamphlet/pamph_001/eturan/main01-21.html，visited November，2007
15) コスモスモア：モデルルーム事業，http：//www.cosmosmore.co.jp/modelroom.html，visited November，2007
16) フォーライフ：モデルルーム事業，http：//forlife-co.com/modelroom/index.html，visited November，2007
17) 広友リース：不動産販売センター向けレンタル事業，http：//www.koyou.co.jp/html/move_01.html，visited November，2007
18) グロウリッチ：業務案内，http：//www.grow-rich.co.jp/business.html，visited November，2007
19) 大和リース：ユニットハウス店舗システム，http：//www.daiwalease.co.jp/unit/ds_tokutyou.htm，visited November，2007
20) 大和ハウス工業：ニュースレター，2007/10/05，http：//www.daiwahouse.co.jp/release/20071005141707.html，visited November，2007
21) 北村茂樹：わが社の3R推進活動(6)，電機，pp.42-45，2007.7，http：//www.jema-net.or.jp/Japanese/denki/2007/de-0707/p42-45.pdf，visited November，2007．
22) 岩田衛，藤田正則，前田親範：情報技術を利用した建築鋼構造のリユースマネジメントモデルの提案，日本建築学会総合論文誌，第1号，pp.81-86，2003.2
23) 日本ストローベイルハウス協会：ストローベイルハウスとは？，http：//www.japanstraw.com/index/main/01nanika/01nanika.html，visited November，2007
24) 松藤泰典：持続都市建築システム学シリーズ　100年住宅への選択，技報堂出版，2007.8
25) 佐治泰次，松藤泰典：建築構法（第3版），理工学社，pp.181-185，2005.4
26) Allan Staines：Owner Builder & Renovator，Pinedale Press Australia，pp.40-55，1991.1
27) 松藤泰典：ブリックハウスプロジェクト(BHP)が目指すもの，福岡県科学技術振興財団　平成7年度　産学官共同研究成果発表会　ブリックハウスプロジェクト研究フォーラム，pp.1-10，1995.12
28) 国立科学博物館地震資料室：濃尾地震，http：//research.kahaku.go.jp/rikou/namazu/04nobi/noubi.html，visited December，2004
29) 赤煉瓦倶楽部舞鶴：水野信太郎の赤煉瓦小ばなしVol.2，http：//www.dance.ne.jp/~redbrick/hanasi/koba1-2.htm，visited December，2004
30) 国立科学博物館地震資料室：1923年（大正12年）関東大地震写真，http：//research.kahaku.go.jp/ rikou/namazu/03kanto/03kanto.html，visited December，2004
31) 森林太郎：造家衛生の要旨，建築雑誌，第7輯，pp.115-122，1894.1
32) 建築物の構造関係技術基準解説書編集委員会：2007年版　建築物の構造関係技術基準解説書，pp.106-115，539-547，2007.8
33) M.B.Dusseault：Itacolumites - the flexible sandstones，Q.J.eng.Geol.London，Vol.13，pp.119-128，1980
34) 山口謙太郎，松藤泰典，小山智幸，小山田英弘：イタコルマイト組織のアナロジーによる重ね梁の損傷限界曲げ耐力および初期剛性，日本建築学会構造系論文集，第591号，pp.153-160，2005.5
35) 山口謙太郎：摩擦抵抗型乾式組積構造部材の設計と性能，九州大学学位論文，九州大学大学院

人間環境学府，2005.2
36) 松藤泰典，小山智幸，山口謙太郎，汐田浩二：分散型アンボンドプレストレスの累加機構解析，材料，第45巻，第9号，pp.1027-1032，1996.9
37) 日本建築総合試験所：SRB-DUP 乾式煉瓦組積構造および組積構法，建築技術性能証明評価概要報告書，性能証明 第02-16号，2002.11
38) Kentaro Yamaguchi, Yasunori Matsufuji, Tomoyuki Koyama：A new structural system：friction-resistant dry-masonry, Building Research & Information, Volume 35, Issue 6, pp.616-628, 2007.11
39) 山口謙太郎，松藤泰典，小山智幸，小山田英弘：摩擦抵抗型乾式組積造壁体のせん断耐力評価，日本建築学会構造系論文集，第589号，pp.173-180，2005.3
40) 国土交通省住宅局建築指導課・木造住宅振興室：2002年枠組壁工法建築物構造計算指針，日本ツーバイフォー建築協会，pp.81, 537-546，2002.5
41) 国土交通省住宅局建築指導課・木造住宅振興室：2002年枠組壁工法建築物設計の手引，日本ツーバイフォー建築協会，pp.101-107, 113-121，2002.5
42) 日本建築学会：壁式構造関係設計規準集・同解説（メーソンリー編），pp.230-235，1997.11
43) 松村晃，西谷泰征，高本秀幸：新加力法による多孔レンガブロック造耐力壁の水平加力実験（多孔レンガブロックによる壁構造の開発に関する研究－構造実験），日本建築学会大会学術講演梗概集，構造系，pp.1709-1710，1977.10
44) 中山昭夫，桑田裕次，溝田泰司：コンクリートブロック構造の乾式新工法について その4，日本建築学会大会学術講演梗概集，C，pp.1209-1210，1988.10
45) 若林実，松井千秋，南宏一，三谷勲：実大鉄骨ラーメンの弾塑性性状について，日本建築学会論文報告集，第198号，pp.7-17，1972.8
46) 柳沢延房，松藤泰典，三浦篤，西尾浩治：SRB-DUP 振動－振動外乱と壁体のプレストレス力の緩和，科学技術振興事業団CREST 国際シンポジウム「セラピューティック煉瓦造住宅の住環境効果」，pp.S3.5-1-S3.5-5，2002.10
47) 山口謙太郎，三橋建，大森睦，尾崎功，西本晃治，汐田浩二，山口英三，土肥兼治，吉岡智和：若手の考える建築構造設計という仕事，九州大学建築学叢書，11，pp.3-8, 17-20，2004.5
48) 松藤泰典 他6名：循環型住宅の施工に関する要素研究 その1～その5，日本建築学会学術講演梗概集，A-1分冊，683-692，2000
49) Saruul Dorjpalam：Experrimental and Numerical Studies on Dynamic Properties of Masonry Walls and Structures, 博士論文，九州大学大学院 人間環境学府，2008
50) Standard Test Methods of Sampling and Testing Brick and Structural Clay Tile，ASTM C67-91
51) R.Park, T.Paulay：Reinforced Concrete Structures, John Wiley & Sons, Inc., 1975
52) Standard Test Methods for Compressive Strength of Chemical- Resistant Mortars, Grouts, Monolithis Surfacings, and Polymer Concretes，ASTM C479-96
53) Standard Test Methods for Flexural Strength of Chemical-Resistant Mortars, Grouts, Monolithis Surfacings, and Polymer Concretes，ASTM C580-98
54) Structural Masonry，edited by J.G.Rots, A.A.Balkema，1997
55) Yoshimura K. et al.：Experimental study for developing seismic confined brick masonry walls, Proceedings of the 28th Conference on Our World in Concrete & Structures, Singapore. 2003
56) Riddington,J.R. and M.Z.Ghazali：Hypothesis For Shear Failure In Masonry Joints, Proc.Instn Civ. Engrs, Part 2, 89, pp.89-102, 1990
57) Marzahn,G.,：The Shear Strength of Dry-Stacked Masonry Walls, LACER, No.3, pp.247-262, 1998
58) Standard Test Method For Diagonal Tension(Shears in Masonry)，ASTM E519-00

59) Ali,S.S. and A.W. Page：Finite Element Model For Masonry Subjected To Concentrated Loads, Journal of Structural Engineering ASCE, Vol.114, No.8, pp.1761-1784, 1988
60) Paulay,T.M. and J.N. Priestley：Seismic design of reinforced concrete and masonry buildings, John Wiley&Sons, Inc., 1992
61) A.K.Chopra：Dynamics of Structures, Prentice Hall Intl, 1995
62) 山口謙太郎 他4名：分散型アンボンドプレストレスを用いた組積造構造物の常用設計に関する研究 その3 壁体の面内剛性解析とその検証実験，日本建築学会学術講演梗概集，A-1分冊，679-680，2000
63) 樋口芳朗：建設材料学，技報堂出版，1988
64) 藤田香織 他：静的水平加力試験に基づく伝統的建築の組物の履歴モデルと剛性評価，日本建築学会構造系論文集，第543号，pp.121-127，2001
65) 渋谷龍典：プレストレスを導入した新しい木質構造柱の振動実験に関する研究，九州大学大学院工学部建築学科卒業論文，2006
66) 柴田明徳：最新耐震構造解析，森北出版，1981
67) 田中宏明：実測データと3次元構造モデルによる木造住宅の耐震安全性に関する研究，九州大学大学院人間環境学府修士論文，2004
68) 吉岡智和，大久保全陸：梁端下端フランジに高力ボルト摩擦すべりダンパーを設置したH形鋼梁の曲げせん断実験，日本建築学会構造系論文集，第573号，pp.177-184，2003.11
69) 吹田啓一郎，井上一朗，竹内一郎，宇野暢芳：座屈拘束された方杖ダンパーによる柱梁高力ボルト接合構造の力学挙動，日本建築学会構造系論文集，第571号，pp.153-160，2003.9
70) 尾崎景，山口謙太郎，本村直知，奥村卓也，松藤泰典：摩擦抵抗型乾式組積構造による建築物の耐震補強に関する研究，その2 接合部の水平載荷実験と実構造物に関する解析的検討，日本建築学会大会学術講演梗概集，C-2，pp.889-890，2007.8

第6章 循環型建築構造の効果と課題

6.1 循環型建築構造の効果

6.1.1 建築材料のリユース率の向上

　循環型,とくに材料のリユースに対応できる建築構造を採用したときの効果としてまず挙げられるのは,当然ですが建築材料のリユース率の向上です。

　松藤泰典(前掲)らは,SRB-DUP 構造の住宅を施工した場合の,住宅解体後に使用した煉瓦が再使用できる割合(リユース率)について分析・検討を行っています[1]。この分析によれば,煉瓦組積は開口部の窓台部分のみ湿式の煉瓦組積工法によっており,それに隣接する SRB-DUP 工法部分にはモルタルが付着するため再利用が不可能としてリユース率が算定されています。

　SRB-DUP 構造の住宅に使用する煉瓦のリユース率は,ブリックベニヤ工法による平屋建て住宅モデル(建築面積 225.32 m^2,延床面積 223.06 m^2)の場合(**表-6.1.1 参照**)で約 94%,フルブリック工法による 2 階建て住宅モデル(建築面積 100.22 m^2,延床面積 193.82 m^2)の場合(**表-6.1.2 参照**)で約 98% と算定されており,「異種の材料を接着しない」というコンセプトに基づいて構成される SRB-DUP 構造のリユース性の高さが確認できます。また,鋼材に関しても,SRB-DUP 構造は分別解体が可能なので,構成要素同士を互いに接着するボンド型の構造に比べてリサイクルも容易に行うことができ,環境負荷低減効果が高いといえます。

　九州大学の 21 世紀 COE プログラム「循環型住空間システムの構築」では,その成果の一つとして,大学院人間環境学府における演習科目「循環型住空間システム演習」(2006 年度),「持続都市建築システム演習」(2007 年度)を開講しています[2]。この演習科目は,建築計画・環境・構造各分野の大学院生がチームをつくって,面積 20 m^2 程度の SRB-DUP 構造の建物(演習作品)を,地球環境に対するさまざ

表-6.1.1 SRB-DUP工法による住宅の煉瓦のリユース率（ブリックベニヤ・平屋建て）[1]

	DUP 標準煉瓦	DUP コーナー 煉瓦	DUP Jamb 煉瓦	化粧煉瓦	リユース 不可能 DUP煉瓦
壁面A	920.5		42.0	15.00	2.0
壁面B	491.0		71.0	52.00	4.5
壁面C	487.0		29.0	144.50	25.0
壁面D	843.0		54.0	49.50	9.0
壁面E	597.0		54.0	13.00	9.0
壁面F	1 036.0		84.0	47.50	13.5
壁面G	875.0		63.0	31.75	6.0
壁面H	347.0		27.0	17.25	4.5
壁面I	926.5		58.0	31.25	10.0
壁面J	263.0		0.0	0.00	0.0
壁面K	717.0		54.0	30.00	6.0
壁面L	216.5		92.5	0.00	0.0
合計（個）	7 719.5	507.5	628.5	431.75	89.5
単位数量（個/m²）	47.15	3.10	3.84	2.64	0.547
乾式化率	95.40%				
リユース率	94.44%				

表-6.1.2 SRB-DUP工法による住宅の煉瓦のリユース率（フルブリック・2階建て）[1]

	DUP 標準煉瓦	DUP Jamb 煉瓦type2 （コーナー）	DUP Jamb 煉瓦type2 （開口）	化粧煉瓦	リユース 不可能DUP 煉瓦
北立面	5 960	162	353	72	109
東立面	5 207	162	84	64	80
西立面	5 543	162	168	30	42
南立面	5 574	486	244	79	91
内部	9 295.5	183			
合計（個）	31 579.5	1 155	849	245	567
単位数量（個/m²）	44.49	1.63	1.20	0.345	0.799
乾式化率	99.26%				
リユース率	98.34%				

な配慮を盛り込みながら設計し、優秀作品を実際に施工するというものです。**図-6.1.1**は2006年度の作品で、**図-6.1.2**は2007年度の作品です。予算の都合で基礎は同じものを利用しているため、形状の変化は小屋組やファサードが主ですが、2006年度の作品はいったん煉瓦壁まですべて解体し、煉瓦やボルト・プレートをリユースして2007年度の作品をつくり上げています。この演習を通して、SRB-DUP構造に使用した建築材料は実際にリユース可能であることが確認できました。また、別の形状の基礎を新たに用意すれば、煉瓦・ボルト・プレートはその建築物にリユースすることも可能で、平面や立面の形状など設計の自由度も損なわれないといえます。

図-6.1.1　2006年度演習作品　　　　図-6.1.2　2007年度演習作品

6.1.2 ライフサイクルアセスメントによる評価

前項で述べた建築材料のリユース率が向上する効果によって、循環型の建築構造を採用した建築物ではライフサイクルアセスメントによる評価も向上します。

林徹夫（九州大学大学院総合理工学研究院教授）らによって行われた、住宅の構造別のLCEおよびLCCO$_2$評価[3]によれば、環境性能評価のための日本建築学会の住宅標準モデル[4]での検討の結果、エネルギー消費量（**図-6.1.3**）はSRB-DUP構造の住宅が最も小さく、エネルギー消費量削減率（「SRB-DUP構造と他の構造のエネルギー消費量の差」を「他の構造のエネルギー消費量」で除したもの）は、木造で3.4％、湿式工法による煉瓦造で5.2％、内断熱工法のRC造で0.3％、外断熱工法のRC造で1.4％となりました。CO$_2$排出量（**図-6.1.4**）もSRB-DUP構造の

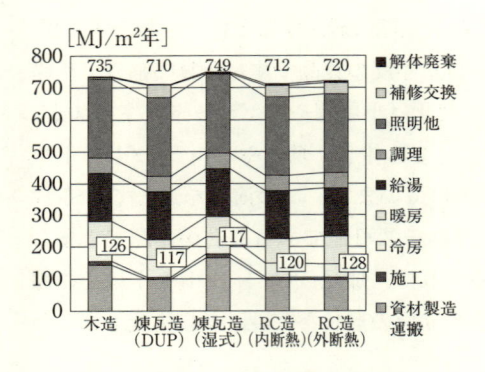

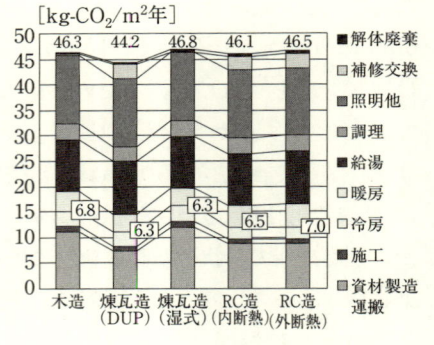

図-6.1.3　構造別LCE（標準モデル）[3]　　図-6.1.4　構造別LCCO$_2$（標準モデル）[3]

住宅が最も小さく，CO$_2$排出量削減率（「SRB-DUP構造と他の構造のCO$_2$排出量の差」を「他の構造のCO$_2$排出量」で除したもの）は木造で4.5％，湿式工法による煉瓦造で5.6％，内断熱工法のRC造で4.1％，外断熱工法のRC造で4.9％となりました。これはSRB-DUP構造を採用したことで耐用年数の延長や煉瓦の再利用が可能となり，資材製造段階での環境負荷削減ができたことによる効果が大きいと考察されています。

同じく林らによる，5.2.16項で述べたSRB-DUP構造実験棟でのLCE（**図-6.1.5**）およびLCCO$_2$（**図-6.1.6**）評価[3]においても，SRB-DUP構造の住宅は他の構造の住宅に比べてエネルギー消費量およびCO$_2$排出量が共に最も少なくなるという結果が得られています。これは煉瓦のリユースにより資材製造段階のエネルギー消費量およびCO$_2$排出量が少なくなることや，建物の耐用年数の長さ，内外壁の補修交換が少ないメンテナンスフリーな条件によると考察されています。

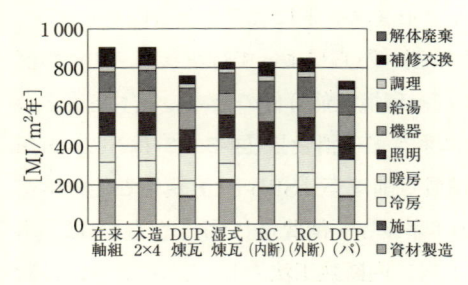

図-6.1.5　構造別LCE（実験棟）[3]　　図-6.1.6　構造別LCCO$_2$（実験棟）[3]

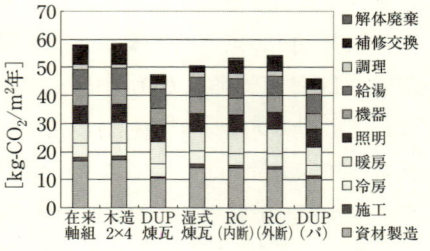

6.2 循環型建築構造の課題

6.2.1 リユースと材料の耐久性

　材料のリユースが可能な循環型の建築構造を開発する上で，まず考慮しなければならないことは，リユースを行おうとする材料の耐久性でしょう。例えば，物理的な耐用年数が50年ある建築材料をリユースできるような構造体を開発し，その構造体による建築物を40年間使用して，解体し材料をリユースすることを考えると，その時点で，リユースした材料の残りの耐用年数は10年しかありません。このことや，6.1.2項で紹介した建築物のライフサイクルアセスメントによる評価で，SRB-DUP構造の住宅の評価が高かった理由の一つとして，煉瓦のリユースによる効果が上げられていることからも，リユースを行おうとする建築材料は，建築物が使用される期間に比べて十分に長い耐久性を有していなければ，リユースを行うことによる効果はあまり得られないと考えられます。

　SRB-DUP構造に利用し，リユースを行おうとする煉瓦は，耐久性の非常に高い建築材料の一つであることが知られています。鋼材であれば酸化，鉄筋コンクリートであれば中性化，プラスチックなどであれば紫外線劣化などによって，時間の経過とともに，徐々にではありますが耐久性に影響を及ぼす化学的性質が変化していくのに対し，粘土の焼成品である煉瓦は，このような耐久性に影響を及ぼす性質の変化が非常に小さいといえます。これから，リユース可能な建築材料が新たに開発されていくときには，「時間の経過に伴う性質の変化が小さい」ということが重要な開発目標の一つになるでしょう。

6.2.2 循環型と日本人

　日本人にはそもそも本書などで提案しているような「循環型の建築」を受け入れる精神的な素地があるのか，ということです。これは筆者らのような工学系の研究者にとっては分析が非常に難しい，しかし循環型の建築を考えていく上では大変重要な問題です。

　最近では「もったいない」というキーワードの下でキャンペーンなども展開されています[5]。「もったいない」は日本発の言葉なのだから，日本人は元々そのような感覚を持っているのだという主張もあるでしょう。ただ，「もったいない」は自

分の持ち物を大事に使うために使ってきた言葉のような気もします。家族や親戚の中で，あるいはせいぜい友人くらいまでは子供の洋服などを「おさがり」としてリユースすることはよく行われてきましたが，赤の他人にまで同じようには行われてこなかったように思います。「あなたの洋服，捨てるならもったいないから下さい」とか，「この洋服，まだ捨てるのはもったいないから要りませんか」というようなことは，近年フリーマーケットが盛んになり，ようやく日本でも普通に行われるようになってきましたが，そのような中古品市場には足を運ばないという人も依然として多いと思います。

　日本では，中古品の値段が新品に比べて極端に安くなる，ということがよくいわれます。これは，日本人が中古品に対してそれくらいの価値しかないと考えているため，と受け取られても仕方がないでしょう。もともと何らかの評価額が先にあったのかもしれませんが，それらを受け入れていくうちに，日本人が下す評価として定着しつつあるように思います。日本で，人が使ったものの価値はなぜそれほど下がるのでしょうか。五感に触れる部分では，手あか，傷，色あせ，細かい部分に入り込んだ汚れ，においなどが原因でしょうか。これらの中には実際に確認されたものではなく，「そんな気がする」というイメージによるものもあると思います。また，目に見えない部分では，内部の部品などの消耗や，新品に比べて性能が落ちているのではないかという懸念なども，価格が下がる原因としてあると思います。中古品市場に足を運ばない人は，これらの中古品の特性やイメージを自分なりに受けとめ，お金がかかっても新品が欲しいと思う人でしょうし，売る方では，何だか自分の生活の一部をさらけ出しているような感覚を味わいたくないために，もったいないけど捨ててしまおうという選択をする人や，使ったものを売ってお金を手にするという行為自体を潔しとしない人といえるでしょう。

　建築についてはどうでしょうか。我々は繰り返し使用されるホテルなどに泊まりますし，賃貸住宅に住んでいる人もたくさんいます。また，中古住宅を購入する人も珍しくありません。このような状況の中で，リユース建材を利用した住宅やその他の建築物は，果たしてどのようなポジションに収まっていくのでしょうか。「いつかは持ち家を」と思っている人たちの選択肢の一つになっていくのでしょうか。

　1.4.3項で述べたHabitat for Humanityの活動や，5.1.9項で述べたプレハブ建築

などに注目すると，現状ではやはり国内・国外を問わず，リユース可能な建築というのは，比較的所得の低い人々向けであったり，「簡単に組立・解体ができる＝安っぽい」ととらえられていたりと，普及に最も必要な「欲しいと思わせる魅力」に乏しいような気がします。この点は Bradley Guy も 3.1.2 項で，建築物を構成する材料のリユースやリサイクルが困難な理由の一つに「解体性を前提として設計された部材やシステムを採用すると，建築物の価値を下げ，デザイン性や寿命/安全性を犠牲にしたという印象を与える」ということを挙げています。

　このような状況はおそらく，現在は住宅メーカーなどにとって，リユース建築が魅力的になりすぎたら新築が売れなくなるので，あえてリユース建築の魅力向上には力が注がれていない，ということが影響しているように思われます。将来もし建材の価格が上昇し続けて，すべて新しい材料で建築をつくれるのは一部の富裕層だけになり，建設会社がリユース建築を手がけることになれば，「えっ，これがリユース建築なの？」というような，魅力的な建築が競ってつくられるようになるのではないでしょうか。建築物をどこまで解体し，その材料をどこまでリユースし，新品の材料をどこに使えば，それ以前に他人が使っていた「余韻」がほとんど感じられなくなるのか，買い手の評価が高くなるのか，今後，見違えるようなリユース建築が開発されていくのに併せて，分析が進められていくように思います。

　また，建物全体でなく使用する材料について，例えばオーストラリアでは，解体前の住宅に使用されていたモザイク煉瓦が貴重で，価値の高いものとしてリユースされるという話を聞きました。また，Bradley Guy の著作に Unbuilding という，建築物の解体の手順を説明した本[6]があるのですが，この本のサブタイトルは Salvaging the Architectural Treasures of Unwanted Houses で，つまり「不要な住宅の建築的な宝物を救い出す（回収する）」というものです。このように，建築においてリユースを行うことは，建築物のかたちでストックされている「財産」のうち，取り出してまだ使える価値の高い部品（宝物）を，放っておけば捨てられる状況から救済する行為なのだという積極的なとらえ方を日本でも是非行っていくべきでしょう。「救済すべき宝物」で建築物が構成されるという意識があれば，新品とはいえ安い材料ばかりを使っていくべきではない，ということが理解してもらえると思います。

6.2.3 在庫管理，保管，輸送の態勢

これもとくに日本で建築材料のリユースを行っていく上では大きな問題です。1.4.3項で述べたHabitat for Humanityの活動は米国で行われているものですが，このような活動を行っていく上で，米国と日本の最も大きな違いは国土の広さであり，解体した建築物から回収した材料を保管しておくための場所や建家を日本で確保することは経費の面で大変難しい問題です。リユース建材に高い保管料を載せて販売すると，リユース建材は安いというメリットが損なわれます。このような活動が国民に認知され，運営が軌道に乗れば状況は変わってくるでしょうが，問題は事業の立ち上げ段階での対応といえます。

また，建材を輸送するための経費も軽視できません。リユースはリサイクルとは異なり，材料を再製造するコストは不要ですが，保管と輸送のコストは必要です。1つの事業所(保管場所)がどれくらい広いエリアをカバーすべきか，それらを繋ぐネットワークをどのように構築していくかなどを十分検討し，保管と輸送のコストを最小化することが，建築材料のリユースを行っていく上できわめて重要です。

6.2.4 リユースと行政

材料のリユースを行って建築物をつくっていくとき，その建築物が日本で存在することを認めてもらえるか，という行政上の問題もあります。

建築基準法では，建築物の主要構造部などに使用する建築材料の品質に関する規定が第37条に定められていますが，この規定が満たされているかどうかのチェックは，その建築材料が，規定されているJIS(日本工業規格)やJAS(日本農林規格)に適合するものであるか，あるいは同等のものであるかについて行われるだけで，「この材料はこれまでに○○年使われているが，強度や耐久性に問題はないか」というようなチェックは，その条項のチェックとしては行われないそうです。強度や耐久性のチェックはむしろ，リユース建材を使用した建築物の構造安全性を確認する段階で，「このボルトは錆が○○mm進行しているからボルトの耐力はこれだけと算定した」とか，「このコンクリートは中性化が○○mm進行しているから，今後の進行を遅らせるためにこのような処置を施してリユースする」というようなそれなりの対策を示す必要があるようです。ただ，前者の

「規格に適合する」ということをリユース建材について示すためにも，例えば新品として使用されたときの設計図書を確認するなど，各材料の使用履歴を明らかにする作業が必要になります。Bradley Guy は 3.2.2 項で，「DfD のための 10 原則」の 1 番目に「接合部や材料のラベリング」を上げていますし，第 3 章で紹介したDesign for Disassembly のガイドの他の章で，将来的にはすべての建築製品は（建築物の解体や材料のリユースにも有効な製品管理を行うために）無線の ID タグを組み込んで製造することが可能になるだろうと述べています[7]。

リユース建材を用いる場合，建築確認の段階で最も注意を要するのは以上のような点ですが，建築物を運用する段階で行政と関係する事項に固定資産税の支払いがあります。

固定資産税は市区町村などが徴収する地方税で，土地，家屋，償却資産（事業のために用いることができる構築物，機械，車両，器具，備品など）に課税されます[8]。このうち家屋に対する固定資産税は，その年の 1 月 1 日現在，その家屋を所有している人に課せられるもので，法務局が取り扱う登記簿に所有者として登録されている人が納税義務者となります。ちなみに，建物の新築・増改築・解体などを行ったときには 1 ヶ月以内に登記しなければならないことになっています。人が生まれたら役所に届けるように，建物ができたら法務局に届けるわけですね。

これは将来の話ですが，建築材料のリユースが頻繁に行われるようになると，建築材料のリースも盛んになることが予想されます。現在は材料を買い集めて建築物をつくるのが一般的ですが，将来は材料をリースで借りて集め，建築物をつくるようになるかもしれません。そのとき建物の所有者は，納税義務者は誰になるのでしょうか。材料を貸したリース会社も一部の権利や義務を有することになるのでしょうか。

このことについて，固定資産税を課す役所の見解は，あくまで登記簿上の所有者が納税義務者になるということでした。一方，法務局の見解は，登記を行うには所有者を誰かに決めなければ申請が却下になるだろうということでした。つまり，法務局は建物の所有権などを認定するのが業務なので，認定した結果として生じる納税義務については関知しない，という立場でした。

したがって，本件の場合，建築物の施主や材料のリース会社などの当事者間で所有権や納税義務への対応について，事前に協議して決めておく必要がありそうです。

以上のように，建築基準法やその関連法規にしても，建物の所有権や納税義務への対応についても，材料のリユースを行って建築物をつくっていくことは想定されておらず，基本的に今後の対応が必要になる課題といえます。ただ，細かい規定がこれから整備されるということは，建築材料のリユースが今後促進されるように規定を整備できる余地があるともいえるわけですから，今後の行政の対応を期待しながら注目していきたいものです。

6.3 持続可能な成長・発展・消費に向けて ─循環型の建築構造を推進する意義─

本書では，「これからの建築」を地球環境に優しい「サステナブル建築」に，中でも「循環型の建築」にしていくために，これまで行われてきた取り組みをいくつか見てきました。我が国の建築分野では，やはりCASBEEなどを中心とする建築計画や建築環境の分野の取り組みが目立ち，建築の構造に関する取り組みは徐々に盛んになりつつある，という状況かと思われます。しかしながら，建築は「美・用・強」が三位一体になってこそ完成するものであり，サステナブル建築の発展には建築構造技術の歩み寄りが欠かせません。どんなに素晴らしい，サステナブルなアイディアで設計された建築も，構造計算によってその安全性を確認し，施工を行わなければ建築物として実現できません。また逆に，ある建築構造技術の発明や開発が，サステナブル建築を飛躍的に発展させる可能性もあります。本書ではBradley Guyの著作によるDfD（Design for Disassembly：解体を考慮した設計）に関するガイドブックの内容の一部を紹介しましたが，建築構造分野が地球環境負荷の低減に寄与できる，今後開発を進めていくべき技術の一つにS-DfD（Structural Design for Disassembly：解体を考慮した構造設計）があるといえるでしょう。

本書はサブタイトルを「凌震構造のすすめ」とし，建築物の耐震性向上と建築材料のリユース性向上の両面に寄与する「付加価値の高い循環型の建築構造」として，この凌震構造を提案してきました。このような取り組みをきっかけに，S-DfDが建築分野全般において考慮されるようになり，人類の持続可能な成長・発展・消費に向けた建築生産活動が今後ますます推進されていくことを祈念して本書の結びとします。

参考文献

図-6.3.1 リユース型建築構造システムの優位性

参考文献

1) 佐々木孝, 松藤泰典 他3名：循環型住宅の施工に関する要素研究 その5 リユース率の検討, 日本建築学会大会学術講演梗概集, A-1, pp.691-692, 2000.9
2) 九州大学21世紀COEプログラム「循環型住空間システムの構築」平成18年度成果報告書, p.152, 2007.8
3) 林徹夫 他2名：セラピューティック煉瓦造住宅のライフサイクルアセスメント, CREST 国際シンポジウム「セラピューティック煉瓦造住宅の住環境効果」, pp.S4.4-1-S4.4-6, 2002.10
4) 宇田川光弘：伝熱解析の現状と課題, 標準問題の提案, 日本建築学会環境工学委員会 第15回熱シンポジウム, 1985
5) MOTTAINAIキャンペーン事務局：MOTTAINAI もったいない モッタイナイ, http：//www.mottainai.info/, visited November, 2007
6) Bob Falk, Brad Guy：Unbuilding - Salvaging the Architectural Treasures of Unwanted Houses, The Taunton Press, 2007
7) The Hamer Center for Community Design：Design for Disassembly in the built environment：a guide to closed-loop design and building, p.16, http：//www.aia.org/SiteObjects/files/COTEnotesDisassembly.pdf, visited November, 2007.
8) 資産評価システム研究センター：平成19年度固定資産税のしおり, 2.固定資産税とは, http：//www.recpas.or.jp/jigyo/report_web/h19_shiori/h19_hong003.htm, visited November, 2007

索　引

■あ行

アクセス　　33, 42, 49
圧縮強度　　82, 83
安全限界　　88
アンテナショップ　　60

イタコルマイト　　65

エコロジカル・フットプリント　　4
SRB-DUP 乾式材料組織体　　75
SRB-DUP 構造　　61, 66, 67, 85
SRB-DUP 制振壁　　135, 136, 137
エネルギー吸収能力　　79, 80, 86, 134
MEP システム　　33, 36

オープンスパン　　34, 43, 49
温室効果ガス　　5

■か行

拡大生産者責任　　27
荷重増分解析　　87
割裂引張強度　　94
臥梁　　64
環境倫理　　17
乾式工法　　69, 79

基準強度　　87
気象庁震度階　　89
キャビティ　　62
京都メカニズム　　6
許容応力度　　87

クライテリア　　89

減衰係数　　92, 102, 104, 106
建設リサイクル法　　8
建築基準法　　86

高摩擦すべり接合　　131, 132

高力ボルト　　133, 134
高炉スラグ　　54
固定資産税　　151
ゴム弾性　　66
固有振動数　　92, 102, 106, 123

■さ行

再生可能資源　　17
再生不能資源　　17
材料強度　　87
座屈　　71, 82, 83
座屈拘束ブレース　　134
残留変形　　84, 90

CO_2 排出量　　145, 146
資源有効利用促進法　　8, 9
時刻歴応答解析　　87, 88, 137
湿式工法　　28, 49, 69, 79
主要構造部　　87
循環型　　3, 11, 25, 47
循環型社会形成推進基本法　　8
使用限界　　88
シリカフューム　　54
人口爆発　　4

スケルトン・インフィル　　49
ストローベイル　　60
スラリー化　　54
スリップ型　　80
スループット　　24

制振構造　　85
制振デバイス　　85
成長の限界　　4
制約条件の理論　　23
石炭灰　　54
石炭灰スラリー　　70
せん断-圧縮実験　　93, 97
せん断強度　　97, 100, 101

索引

せん断耐力　77, 78

層間変位　137
層せん断力　137
塑性率　89
組積造　64, 65
組積体　75
損傷限界　87

■た行
耐久性　147
耐震構造　85
ダブルブリック工法　62
弾性係数　97, 98, 99, 101
弾塑性解析　87, 88, 137
断面係数　80
断面二次半径　82

地球温暖化　5

トリプレット実験　93, 95, 100

■な, は行
粘着力　95, 99

廃棄物　18

引張強度　94

復元力特性　87, 88, 137
フライアッシュ　54
プリズム試験　93, 98, 99
ブリックベニヤ工法　62, 90, 143
フルブリック工法　62, 86, 143
プレストレス　67, 74, 79, 84
プレハブ　59, 148
分解デザイン　10

変形追随性能　84
変形能力　80, 84, 86, 134

方杖ダンパー　133, 134
ポスト&ビーム（柱・梁）工法　43, 49

■ま行
まぐさ　64
マクロモデル　92
曲げ応力度　80
曲げ引張強度　94
摩擦角　95, 99
摩擦係数　74, 77, 93, 121
摩擦接合　49
摩擦ダンパー　85, 88, 135
摩擦抵抗　73, 81, 135
摩擦抵抗型乾式組積構造　61, 68

ミクロモデル　92, 93, 117, 121

免震構造　57, 85

モール・クーロンの摩擦則　95
モジュール　34, 35
モデルルーム　59
元たわみ　66

■や, ら行
ヤング係数　76

要素弾性限界　87

ライフサイクルアセスメント　145, 147
ライフサイクル分析　39
ラベリング　11, 33, 151

リサイクル　8, 18, 19, 53
リターン　20, 60
リデュース　9, 18, 21, 56
リユース　9, 18, 20, 48
凌震構造　48, 86, 88, 134

■欧　文
BEE　24
BREEAM　11

CASBEE　22, 152
CO_2排出量　145, 146

Design for Assembly　27

Design for Disassembly (DfD)　11, 27, 30	MEPシステム　33, 36
Design for Environment　27	MohrCoulombの摩擦則　95
ESGB　11	Restore　12
	ROS　18, 21
GBTool　11	
	SRB-DUP乾式材料組織体　75
LCC　18, 39	SRB-DUP構造　61, 66, 67, 85
LCCO$_2$　18, 145, 146	SRB-DUP制振壁　135, 136, 137
LCE　18, 145, 146	Structural Design for Disassembly　152
LEED　11, 39	
	3R　9

著者紹介

山口　謙太郎（やまぐち　けんたろう）博士（工学）
（第1章，第2章，第4章，第5章5.1，5.2，5.5〜5.7節，第6章執筆，第3章翻訳）

1969年	福岡県に生まれる
1992年	九州大学工学部建築学科 卒業
1994年	九州大学大学院工学研究科建築学専攻修士課程 修了
1995年	九州大学工学部 助手
2001年	九州大学大学院人間環境学研究院 講師
2005年	九州大学大学院人間環境学研究院 助教授
2007年	九州大学大学院人間環境学研究院 准教授
専　攻	建築構造学，建築構法
著　書	2005年福岡県西方沖地震災害調査報告（共著，日本建築学会，2005），他
受　賞	平成19年度科学技術分野の文部科学大臣表彰 若手科学者賞，2007

川瀬　博（かわせ　ひろし）工学博士（第5章5.3，5.4節執筆）

1955年	愛知県に生まれる
1978年	京都大学工学部建築系学科 卒業
1980年	京都大学大学院工学研究科建築学第二専攻修士課程 修了
1980年	清水建設原子力部 勤務
1982年	清水建設大崎研究室
1995年	清水建設和泉研究室
1998年	九州大学大学院人間環境学研究科 助教授
2000年	九州大学大学院人間環境学研究院 教授
2005年	21世紀COEプログラム「循環型住空間システムの構築」拠点リーダー
2007年	九州大学大学院人間環境学研究院 副研究院長（兼務）
専　攻	地震工学，都市災害管理学
著　書	地盤震動−現象と理論−（共著，日本建築学会，2005），他
受　賞	日本建築学会賞（論文），2005

Bradley Guy（ブラッドリー・ガイ）Master of Science（第3章執筆）

1958年	アメリカ合衆国バージニア州に生まれる
1988年	アリゾナ大学建築学科 卒業
1988年	Walter L. Keller and Associates 勤務
1995年	フロリダ大学建設環境センター 助手
2000年	フロリダ大学パウエル建設環境センター 次長
2001年	理学修士の学位取得（フロリダ大学大学院建築学専攻）
2001年	Guy, Grosskopf & Associates Consultants 代表
2004年	ペンシルバニア州立大学ハマーコミュニティー設計センター オペレーション部長
現　在	アメリカ 建築材料リユース協会 会長
専　攻	建築物の解体，材料の再利用，適応性や解体を考慮した設計
著　書	Unbuilding: Salvaging the Architectural Treasures of Unwanted Houses（共著，The Taunton Press, 2007），他

左から，川瀬 博，Bradley Guy，山口 謙太郎

持続都市建築システム学シリーズ
循環型の建築構造
―凌震構造のすすめ―

定価はカバーに表示してあります。

| 2008年3月30日　1版1刷発行 | ISBN 978-4-7655-2511-4 C3052 |

著者代表　山　口　謙　太　郎
発 行 者　長　　　滋　彦
発 行 所　技報堂出版株式会社

日本書籍出版協会会員
自然科学書協会会員
工 学 書 協 会 会 員
土木・建築書協会会員

〒101-0051　東京都千代田区神田神保町 1-2-5
　　　　　　　　　　　　　　（和栗ハトヤビル）
電　　話　営　業（03）（5217）0885
　　　　　編　集（03）（5217）0881
　　　　　Ｆ Ａ Ｘ（03）（5217）0886
振替口座　00140-4-10
http://www.gihodoshuppan.co.jp/

Printed in Japan

ⒸKentaro Yamaguchi, 2008

組版 ジンキッズ　印刷・製本 技報堂

落丁・乱丁はお取り替えいたします。
本書の無断複写は，著作権法上での例外を除き，禁じられています。

◆ 小社刊行図書のご案内 ◆

持続都市建築システム学シリーズ

100年住宅への選択
松藤泰典 著
A5・144頁

世代間建築
松藤泰典 著
A5・190頁

健康建築学
渡辺俊行・高口洋人 他著
A5・198頁
―健康で快適な建築環境の実現に向けて―

循環建築・都市デザイン
竹下輝和・池添昌幸 他著
A5・210頁
―人間の感性と豊かさのデザイン―

仮設工学
前田潤滋 他著
A5版・250頁
―建設工事のQCDSEからSとEを中心として―

臨床建築学
松下博通・崎野健治 他著
A5版・170頁
―環境負荷低減のための建物診断・維持管理技術―

循環型の建築構造
山口謙太郎 他著
A5版・180頁
―凌震構造のすすめ―

資源循環再生学
近藤隆一郎・小山智幸 他著
A5・210頁
―資源枯渇の近未来への対応―

技報堂出版　TEL 営業 03(5217)0885 編集 03(5217)0881
FAX 03(5217)0886